UNI VERSO
A EXISTÊNCIA DE DEUS

Editora Appris Ltda.
1.ª Edição - Copyright© 2023 do autor
Direitos de Edição Reservados à Editora Appris Ltda.

Nenhuma parte desta obra poderá ser utilizada indevidamente, sem estar de acordo com a Lei nº 9.610/98. Se incorreções forem encontradas, serão de exclusiva responsabilidade de seus organizadores. Foi realizado o Depósito Legal na Fundação Biblioteca Nacional, de acordo com as Leis nos 10.994, de 14/12/2004, e 12.192, de 14/01/2010.

Catalogação na Fonte
Elaborado por: Josefina A. S. Guedes
Bibliotecária CRB 9/870

G915u 2023	Guarise, Carlos Uni verso : a existência de Deus / Carlos Guarise. 1. ed. – Curitiba : Appris, 2023. 140 p. 23 cm. ISBN 978-65-250-4947-2 1. Deus. 2. Fé. 3. Ciência. I. Título. CDD – 211

Appris editora

Editora e Livraria Appris Ltda.
Av. Manoel Ribas, 2265 – Mercês
Curitiba/PR – CEP: 80810-002
Tel. (41) 3156 - 4731
www.editoraappris.com.br

Printed in Brazil
Impresso no Brasil

Carlos Guarise

UNI VERSO
A EXISTÊNCIA DE DEUS

FICHA TÉCNICA

EDITORIAL	Augusto Vidal de Andrade Coelho
	Sara C. de Andrade Coelho
COMITÊ EDITORIAL	Marli Caetano
	Andréa Barbosa Gouveia (UFPR)
	Jacques de Lima Ferreira (UP)
	Marilda Aparecida Behrens (PUCPR)
	Ana El Achkar (UNIVERSO/RJ)
	Conrado Moreira Mendes (PUC-MG)
	Eliete Correia dos Santos (UEPB)
	Fabiano Santos (UERJ/IESP)
	Francinete Fernandes de Sousa (UEPB)
	Francisco Carlos Duarte (PUCPR)
	Francisco de Assis (Fiam-Faam, SP, Brasil)
	Juliana Reichert Assunção Tonelli (UEL)
	Maria Aparecida Barbosa (USP)
	Maria Helena Zamora (PUC-Rio)
	Maria Margarida de Andrade (Umack)
	Roque Ismael da Costa Güllich (UFFS)
	Toni Reis (UFPR)
	Valdomiro de Oliveira (UFPR)
	Valério Brusamolin (IFPR)
SUPERVISOR DA PRODUÇÃO	Renata Cristina Lopes Miccelli
PRODUÇÃO EDITORIAL	William Rodrigues
REVISÃO	Katine Walmrath
DIAGRAMAÇÃO	Renata Cristina Lopes Miccelli
CAPA	Sheila Alves

AGRADECIMENTOS

À minha filha Ana Flavia Guarise.
Ao Sebastião Moreira.
Ao Sergio Henrique de Freitas, professor de física.
Ao meu irmão gêmeo Cláudio Alberto Guarise: 19/1/1969 - 12/9/2021.
Ao querido professor Rominski. E a todos que acreditaram em meu trabalho.
Ao Irmão Jr. Granato, Paulo, Rodrigo, Agnaldo, Matsu, que Deus ilumine sempre.

SUMÁRIO

PARTE I
A EXISTÊNCIA DE DEUS 11
ORIGEM DO UNIVERSO 14
LEIS DA MECÂNICA CELESTE 16
O QUE HÁ DE CORRETO NO GÊNESE 18
CRIAÇÃO DO HOMEM 20
O HOMEM E O CRIADOR 22
"IN PRINCÍPIO ERAT VERBUM" 24
A LUZ E AS TREVAS 26
A HUMANIDADE E O CRISTIANISMO 28
O DESERTO 31
DEMOCRACIA 34
QUESTÕES IMPORTANTES 37
FALAR AOS HUMILDES 39
APOLOGIA DA FÉ 40
CAPACIDADE ATENCIONAL 42
OS FALSOS CRISTÃOS 44
METÁFORAS 48
O VALOR DE UMA VIDA 49
O ORGULHO É O PAI DA IGNORÂNCIA 51
CAPITALISMO: UMA INSTITUIÇÃO FALIDA 53
CONFLITOS MUNDIAIS 55
ORIENTE MÉDIO 58
QUEM TEM OUVIDOS QUE OUÇA 60
ESTRELAS 61
O BOM CAMINHO 63
AUTORIDADE 65

CUIDE DE SUA MENTE 66
E A BUSCA CONTINUA.. 68
FORMAÇÃO DE VALORES 70
A GRAÇA 71
OS DONS DO ESPÍRITO SANTO 73
ASSUNTOS DIVERSOS 75
O SAL DA TERRA 78
CONTINUIDADE 79
GRÃO DE AREIA 81

PARTE II
O DIÁRIO DE ROMINSKI 84
BIBLIOGRAFIA 138

PARTE I

Um ponto de partida!

É tudo que um escritor precisa para escrever um livro.

Quando me propus a realizar esta obra, não tinha bem definida uma linha de pensamento a ser seguida. Dispunha somente de alguns manuscritos contendo reflexões sobre diferentes assuntos. Religião, filosofia, comportamento humano e coisas do gênero. Creio que cada ser pode dar sua contribuição no campo do saber e não poderia deixar perder-se o trabalho de muitos anos, por falta de coragem para iniciar este projeto.

O ponto de partida que encontrei foi o próprio leitor. Contudo, quero deixar claro que não pretendo agradar a ninguém. Não tenho pretensão de bajular a quem quer que seja e considero a sinceridade o melhor caminho. Escrever é um ato e o ato é a perfeição da potência que existe em nós. Nós temos a capacidade (potência) de realizar atos, mas estes podem ser realizados ou não. A aptidão para realizar obras está dentro do ser. Porém, isso não significa que as obras serão realizadas. Nós temos a potência e o ato é o que dá forma a essa potencialidade.

Vida é movimento e inércia é morte. Se vivo é porque existe uma razão para que minha existência continue. Não há méritos em viver longos anos sem aprendizado da alma. Se cresço, espiritualmente e intelectualmente, não seria desperdício o não registrar de meu desenvolvimento? Não faço isso por orgulho ou vontade de impor meus pensamentos e não tenho o desejo de convencer ou angariar discípulos que sigam o que digo. Querem seguir a alguém? Leiam o Evangelho! O Pai das Luzes lhes dará discernimento entre o bem e o mal, entre o certo e o errado e qual caminho seguir para se chegar até Ele. Sabedoria é dom e somente quem a quer de todo o coração poderá encontrá-la. Quanto a mim, realizo a obra que me foi destinada. Meu ofício é registrar o conhecimento adquirido. Entrego meu espírito ao anjo que Deus me concedeu para guardar-me durante a jornada. A felicidade é fruto do dever cumprido.

Tenho como função principal combater as ideias errôneas que são instaladas na sociedade por pensadores menores. Estes não procedem com justo pensamento, levando ao erro não somente a si mesmos, mas também a muitos que, por falta de instrução, acabam ludibriados por falsas ideologias e seitas dos mais variados tipos.

Bem, para que a verdade possa prevalecer nos corações humanos, é indispensável abri-los com o intuito de merecer uma hóspede dessa natureza. A verdade não se apresenta a quem não a deseja. "Quem procurar a verdade, este a encontrará", disse o mestre.

A EXISTÊNCIA DE DEUS

Primeiramente gostaria de formular de forma apodítica (o que não pode ser mudado) sobre a existência de Deus. São muitos os que negam a existência de um ser superior e criador das formas. Em estudos sobre lógica, adquire-se conhecimento para demonstrar por meios científicos a impropriedade dos argumentos usados pelos ateus.

Vejamos como isso é possível:

Segundo São Tomás de Aquino, Deus é simples.

Estudando a matéria, chegou-se à conclusão de que esta só pode ser constituída por algo (partículas). A água é formada de Hidrogênio e Oxigênio. Logicamente, antes de ser água, era separadamente Hidrogênio e Oxigênio. O antecedente da água constitui-se necessariamente nessas duas partículas. Se existe matéria, existe algo que a compõe, pois o nada não poderia constituir a matéria. Ora, se a matéria é composta, ela pode ser subdividida em partes menores até chegarmos ao átomo (o não divisível, segundo os gregos, por ser extremamente pequeno). O que se viu, no entanto, é que até mesmo o átomo pode ser dividido. O elétron foi descoberto por J. J. Thomsom em 1897. Ou seja, até mesmo o átomo tem um antecedente, portanto é composto e pode ser subdividido.

Como foi possível detectar o átomo? A partir da instabilidade dos elétrons das camadas de valência dos átomos. Carga magnética perfeitamente analisada por sistemas eletrônicos. Como as camadas tendem a um equilíbrio, a aglutinação e condensação da matéria tornam-se possíveis. Tales de Mileto (filósofo) foi o primeiro a detectar "visivelmente" o átomo, esfregando uma pedra de âmbar (resina de nome árabe) na lã, verificando que o campo magnético dessa pedra atraía as penas com que escrevia. Os gregos chamavam o âmbar de Elétron!

A explicação dos fenômenos macroscópicos deve sempre ser procurada no nível microscópico, ou atômico. Toda matéria é composta. Ou seja, é formada de componentes que a constituem. Sendo assim, uma molécula de Amônia (NH_3) tem como componentes o Nitrogênio e o Hidrogênio. O antecedente da Amônia constitui-se em uma molécula de Nitrogênio e três moléculas de Hidrogênio e isso ocorre também às demais substâncias. No caso das substâncias simples, a divisão ocorre em: formação de camadas, cátions, ânions, prótons, íons etc. Ou seja: toda substância pode ser dividida em partes. Deus, por ser a causa primeira, não pode ser composto, pois isso significaria que teria um antecedente. Portanto, Deus é simples. Regra: **Todo consequente tem um antecedente**.

Continuemos.

A matéria tem uma causa primeira, pois matéria é composto e, sendo composto, tem antecedente. A autogeração (geração espontânea) está descartada por ser impossível a matéria ter gerado a si mesma. Exemplo: eu tenho dois antecedentes que são meu pai e minha mãe. Sendo assim, não vim ao mundo por mim mesmo, mas sim por intermédio de meus antecedentes. Do nada também a matéria não pode ter surgido, pois que seria absurdo do nada ter surgido alguma coisa $0+0=0$. Ora, se a matéria não veio do nada e não veio de si mesma, só pode ter vindo de uma causa primeira, que é a causa de todas as causas. A essa causa primeira chamamos de Deus. Como Deus é simples e não pode ser composto, pois é a causa primeira, necessariamente é imaterial. Conclusão: necessariamente Deus é a causa primeira e, sendo causa primeira, não pode ser composto, pois sendo composto teria antecedentes. Cai por terra o argumento ateísta que não vê a causa primeira e não explica o surgimento das substâncias. Não acreditar em Deus é assinar um atestado de ignorância. Que visão curta! O ateísmo é o fanatismo dos cépticos. Um homem de ciência procura sempre a verdade e não nega o que desconhece só porque lhe foge à percepção intelectual. Os veredictos a respeito da existência ou não de Deus devem ser dados *a posteriori*, e não *a priori*. Somente quando se esgotarem as possibilidades de um tema é que teremos certeza sobre esse tema. Ora, eu tenho a capacidade de crer ou não crer em Deus. A questão é que nunca encontrei argumentos convincentes que pudessem abalar a minha procura do Bem Supremo. Eu poderia não crer, mas acho mais salutar crer. Crer em Deus só me traz benefícios. Pelo menos, tenho esperança de que, depois de minha morte, não partirei daqui para uma imensidão de nada. Os ateus me oferecem o NADA, e o NADA é coisa que não me interessa.

Ao homem é possível desvendar as leis do universo (Física), pois estas são imutáveis. Na matéria sempre acharemos respostas referentes à matéria e é isso que o homem tem feito desde o início de sua ciência. A matéria é necessária para que nossos espíritos possam agir no mundo criado. A matéria passa, o espírito permanece. O corpo é um empréstimo. Um homem pode viver até os cento e vinte anos, se tiver sorte. A terra é uma estadia temporária. Aproveitemos o tempo oferecido a nós. Que a imensidão do universo não nos assuste. O fato de estarmos vivos é um milagre maravilhoso. Cada indivíduo tem por meta cumprir sua jornada existencial. *"Credo qui absurdum!"* Creio porque é absurdo não crer!

ORIGEM DO UNIVERSO

O universo é resultado da fonte criadora da vida. O princípio ativo é gerador de todas as coisas e chamamos de Deus. A teoria do Big Bang quer limitar o ilimitado. Etimologicamente, a palavra **Universo** significa **verso único**. Afirmar que tudo surgiu de uma cabeça de alfinete, um pequeno ponto que se expandiu, não soluciona as questões básicas sobre esse tema. Vejamos os pontos contraditórios: como seria possível admitir um pequeno ponto no cosmo sem admitirmos a possibilidade de outro? Ou uma simples fagulha? Imaginemos um quadrado e que no centro desse quadrado estaria a tal fagulha, ou a cabeça de um alfinete. O que existiria além das fronteiras desse quadrado? O universo é infinito e admitir um infinito de nada além das fronteiras de um pequeno ponto ou fagulha é ridículo. A resposta para a origem do universo não está aí.

O universo é consequente, portanto tem antecedente. Sendo formado de compostos materiais, não poderia ter gerado a si mesmo nem poderia ter vindo do nada. As leis sempre se repetem em qualquer padrão. Tanto no macrocosmo quanto no microcosmo, as leis são iguais. O que vale para uma partícula do universo vale também ao próprio universo. Portanto o universo tem uma causa primeira.

Nesse momento, fé e ciência parecem se encontrar afinal. Para a ciência, fica difícil aceitar Deus como gerador de todas as coisas, por ser Deus algo que lhe foge às observações. A ciência necessita de fatos. Para ela, somente o que se pode provar e demonstrar por meio de fórmulas é que pode ser considerado verdadeiro. "Como crer que tudo surgiu de Deus? Nós não podemos vê-lo, analisá-lo ou tocá-lo!" Eis o que a ciência diz.

A fé, por sua vez, não consegue permanecer nos limites da ciência e caminha onde esta para. Onde a ciência cessa, a fé começa. A teoria do Big Bang não satisfaz às aspirações da fé. Ela quer muito mais do que uma grande estrela, ou pequeno ponto que expandiu. Ela quer saber quem fez essa estrela ou ponto, quem organizou todas as leis do universo e quem deu aos homens a capacidade de avaliar a criação. Eis as aspirações da fé que a ciência não pode responder. Contudo, fé e ciência não são inimigas. Uma depende da outra para que a humanidade progrida. É no casamento de ambas que poderemos desfrutar da contemplação por nós almejada.

Para progredir além do que se conhece, é necessário penetrar no desconhecido. A fé é a luz em meio à escuridão. Sem fé a ciência é cega. A fé é acreditar no que ainda não se conhece, mas que a intuição nos diz como possível.

O telescópio James Webb lançado no dia 25 de dezembro de 2021 detectou não somente uma galáxia. Detectou seis. Só que, seguindo a teoria do Big Bang, elas não poderiam existir. Além disso, detectou um possível universo além do nosso. Os astrônomos terão que reformular essa teoria. Essas galáxias foram avistadas a cerca de 13,4 bilhões de anos luz. A mais distante é a galáxia GNZ11.

LEIS DA MECÂNICA CELESTE

O campo gravitacional das estrelas mantém os planetas presos às suas respectivas órbitas. Da mesma maneira os átomos mantêm os elétrons presos em suas respectivas camadas. O sol e seus planetas, os planetas e seus satélites, os átomos e seus elétrons. Tudo segue uma ordem preestabelecida. Ora, se no campo do que é material existem leis imutáveis e fixas, isso vale também para o que é imaterial. A água ferve a cem graus centígrados, mas isso varia com a altitude. As abelhas produzem mel em colmeias feitas de milhares de células hexagonais e as folhas das árvores captam energia luminosa para produzir o alimento de que necessitam. São verdades absolutas. A ciência explica todos esses fenômenos porque eles sempre se repetem. Ela pode manipular a matéria e observar o resultado dessa manipulação. Pode inclusive clonar um ser vivo retirando uma célula desse ser. Porém, não pode criar um grão de areia, ou uma formiga ou um elefante sem ter a matéria-prima para isso. A vida e a origem da vida sempre lhe serão obscuras. Como foi possível o surgimento das milhares de espécies existentes no planeta?

A Terra tem cerca de 4,5 bilhões de anos. O período pré-cambriano é avaliado em quatro bilhões de anos. Durante esse tempo, a Terra se solidificou e pôde, há 570 milhões de anos, testemunhar o surgimento da vida e numerosas orogêneses e povoamento dos oceanos. As formas mais rudimentares de vida surgiram da combinação de componentes elementares que se agruparam, dando origem aos primeiros seres vivos. Entretanto, não é essa a origem da vida. A vida já estava predeterminada a acontecer antes mesmo que nosso planeta fosse formado. A vida não é a matéria que se agrupa ou o próprio ser vivo. A vida está no ser vivo! O ser vivo contém a vida. Isso vale para um protozoário, tanto quanto para um ser humano. A vida é tão antiga quanto o próprio universo e não seria temerário afirmar que talvez o universo tenha sido formado pela VIDA, e não o contrário. A vida é a força geradora de Deus que impulsiona a matéria e a faz progredir até chegar à complexidade existencial de um ser inteligente. A vida é quem produz a cadeia genética. É quem o faz procurar a melhora e a adaptação ao meio. A vida está no ser e onde ela não está a matéria não progride.

Só posso concluir que a vida é imaterial, pois sem vida a matéria é morta. Portanto, estudar a matéria não esclarecerá o que é a vida. Deus não tem corpo. O todo é distinto de cada parte. As particularidades do todo não são o todo. Um rim não é um homem, mas o compõe. O homem é um fragmento do universo e está em Deus por participação.

O QUE HÁ DE CORRETO NO GÊNESE

O Gênese, primeiro livro das sagradas escrituras, nos fala da criação do mundo e do universo. É lógico que se trata de uma linguagem simbólica direcionada ao povo judeu que viveu antes de Cristo. Contudo, gostaria de explanar certas particularidades desse livro e compará-las com os dados científicos existentes. Não concordo com os negacionistas e os que leem a Bíblia ao pé da letra.

"No princípio Deus criou o céu e a terra. A terra, porém, estava informe e vazia." Vemos claramente nessa passagem a fase em que o planeta estava se solidificando, passando de um aglomerado de gases, poeira e rochas para a forma sólida e, portanto, sem vida (vazia).

"Deus disse: haja firmamento no meio das águas, para separar uma das outras. E Deus separou as águas que estão abaixo do firmamento, daquelas que estão acima do firmamento. E assim se fez. Deus chamou o firmamento céu." Vemos claramente aqui o surgimento dos oceanos e a distinção que havia entre as águas do céu (nuvens) e as águas da terra.

"Juntem-se num só lugar as águas que estão debaixo do céu e apareça o elemento seco". Deus chamou o elemento seco de "terra" e o ajuntamento das águas de "mares". Aqui encontramos a formação dos continentes, absolutamente igual ao que a ciência nos ensina.

"Deus disse: pululem as águas de seres animados e voem as aves por sobre a terra, debaixo do firmamento do céu". Aparecimento dos primeiros seres vivos nas águas e posteriormente no céu.

"Deus criou os grandes monstros do mar e todos os seres animados que deslizam pelas águas." Talvez esses "grandes monstros" seja referência à era jurássica. Ou simplesmente às baleias.

"Produza a terra seres vivos de diferentes espécies. Animais rasteiros, animais domésticos e animais selvagens de diferentes espécies..." Podemos ver claramente que a cronologia estabelecida pelo Gênese está correta. Primeiro a solidificação do planeta, surgimento de vida na água, surgimento de vida na terra. O homem ainda não havia sido feito.

"Por fim Deus disse: Façamos o homem a nossa imagem e semelhança. E Deus criou o homem à sua imagem; à imagem de Deus Ele os criou; homem e mulher Ele os criou". Segundo o Gênese, o homem e a mulher foram criados no sexto dia, ou seja, formação bem recente comparada com as outras espécies que vieram antes do homem. Novamente a cronologia do Gênese está correta.

CRIAÇÃO DO HOMEM

A classe dos hominídeos (do latim *homo* = homem + *eidos* = forma). Classe de mamíferos primatas formada pelo homem atual e por espécies já extintas da raça humana. Provavelmente surgiu no período oligoceno, aproximadamente há 35 milhões de anos. Porém alguns pesquisadores não lhe atribuem mais de 10 milhões de anos. Os primeiros vestígios da raça humana são de aproximadamente dois milhões de anos, com o surgimento do Australopitecus, na África oriental. Posteriormente se sucedem: Homo habilis, Homo erectus e Homo sapiens. O homem atual pertence a essa última espécie, assim como o Homem de Neanderthal. O Homem de Cro-magnon é de 38 mil anos atrás, surgido na Europa. O Homo sapiens apareceu há 400 mil anos e se diversificou em duas espécies: Homo sapiens neanderthalensis e Homo sapiens sapiens.

Vemos uma evolução contínua do homem primitivo ao homem atual. Sendo assim, considero improcedente a afirmação de que nossa espécie tenha evoluído do macaco. Acredito, sim, no parentesco do homem com o macaco, pois ambos pertencem à classe dos primatas. Entretanto, considero-as espécies diferentes. Acho mais correto concluir que a espécie humana evoluiu dentro de sua própria espécie. Ou seja, o homem veio do primeiro homem e este, por sua vez, é produto da criação divina. Todas as espécies apresentam similaridades. Estudos genéticos confirmam que não há muita diferença entre o DNA de um rato e o DNA humano. A semelhança entre ambos chega a 98%. Eu pergunto: o que tem o homem em comum com o rato? "A natureza não dá saltos." Aforismo de Leibniz que indica não existirem espécies ou gêneros completamente separados na natureza. Existe sempre um elo que os liga. O elo em comum entre macaco, homem e rato é o mesmo: a **causa primeira**.

O processo evolutivo das espécies é particular a cada espécie. Já a fonte de vida e o surgimento das espécies são um só. A grande questão a que a ciência não pode responder é: por que as espécies surgiram? As milhares e milhares de formas orgânicas espalhadas pelo planeta, desde o reino animal ao vegetal.

Qual seria a força motriz da vida? Saber que os processos em direção à célula, seja ela eucariota ou procariota (ou seja, com ou sem núcleo delimitado), podem ser detectados em traços fósseis do período pré-cambriano não soluciona a questão. Como explicar o fenômeno da "geração espontânea"? Bem, deixemos essas questões para futuros pesquisadores e voltemos ao homem.

"A natureza providenciou para que o homem surgisse. Foi uma efetivação de graus inferiores da evolução biológica e seu surgimento só pode ser dado dentro da natureza e não fora dela. As causas que o determinaram já haviam sido dadas, faltando apenas o momento biológico-histórico que permitiria que ele adviesse (*advento*). A evolução animal atingiu tal estágio que poderia ser assumida pela inteligência, pela racionalidade, isto é, o ser animal poderia receber a forma racional" (Mário F. dos Santos, filósofo brasileiro, 1907-1968).

O HOMEM E O CRIADOR

A figura alegórica de Adão (primeiro homem), plasmado do lodo e recebendo o sopro de vida em suas narinas, seria a primeira imagem do homem completo. Mas o que seria esse homem completo? Arrisco-me a dizer que seria a junção da mente, do corpo e do espírito. A natureza trabalhou durante milhares de anos para conseguir criar um ser de inteligência, capaz de avaliar a criação e buscar seu criador. Adão teria sido, a meu ver, o primeiro homem a compreender Deus. Tinha um contato direto com a divindade e, portanto, diferente das demais espécies existentes no planeta.

Creio ser impossível determinar em qual ponto da história da humanidade se deu no homem a percepção de um ser superior e criador de tudo. O fato é que vemos em toda a raça humana uma inclinação para o divino. Quer seja nos índios da América, quer seja na África, quer na Europa ou Ásia, encontramos civilizações e dentro delas o culto a uma entidade superior. Seria essa característica preestabelecida geneticamente?

Por isso, o Adão alegórico do Gênese é ontologicamente correto. A percepção da divindade o tornava um ser único, pois que na natureza nenhuma espécie é capaz de tal percepção. Poderíamos, dessa maneira, classificar o surgimento de nossa espécie a partir de Adão (*Homo espiritualis*). Junção perfeita entre a matéria orgânica (corpo) e a inorgânica (espírito). O ciclo evolutivo da Terra havia chegado a seu ápice, produzindo um ente capaz de compreender a criação e o criador.

Foi para isso que fomos feitos. A gênese humana começa em Adão, prossegue até os dias atuais e continuará durante os séculos vindouros até alcançarmos o estado de evolução perfeita. Chamaria esse estado de divinização do homem. Uma aproximação mais consistente entre a criatura e o criador. A realidade para qual fomos chamados.

A capacidade humana de armazenar conhecimentos, quer seja por experiência ou intuição, o fez progredir passo a passo em direção ao seu criador. Esse processo se acentuou após o surgimento da escrita. Foi quando o homem encontrou meios de preservar o conhecimento adquirido e deixá-lo de herança para as gerações futuras. As experiências e reflexões humanas teriam a partir de então a possibilidade de vencer a barreira do tempo. A tradição oral da humanidade, que estava sujeita ao erro e modificações ao longo dos séculos, teria na escrita uma maneira de preservar-se.

Com o surgimento da escrita, a inteligência do homem deu um salto extraordinário em menos de seis mil anos. Todos os avanços da ciência se devem à escrita. Com esse evento, o homem multiplicou o seu conhecimento sobre suas funções internas, bem como a preservação da parte afetiva de cada povo na data em que se encontra o manuscrito.

Observações importantes após o aparecimento da escrita: preservação da história; capacidade do homem em acumular conhecimentos; avanço da ciência; avanço no campo da afetividade humana (Psicologia); surgimento da Arte; surgimento da Filosofia; surgimento da Religião. Não existe uma ordem cronológica para determinar qual dessas manifestações do espírito humano surgiu primeiro.

"IN PRINCÍPIO ERAT VERBUM"

"No princípio era o verbo e o verbo estava com Deus e o verbo era Deus" (João 1,1). João sobe até a geração eterna do Verbo. No princípio, isto é, antes de todas as coisas (Santo Agostinho). O "Verbo", em grego "*Logos*", torna-se no Evangelho de São João o nome do filho de Deus. Jesus Cristo é o verbo encarnado. "E verbo se fez carne e habitou entre nós" (João 1,14).

Foi para isso que o universo foi criado. Para que a palavra criadora de Deus tomasse forma humana na pessoa de Jesus Cristo. Tudo quanto foi criado veio da palavra de Deus e a evolução nos leva do primeiro Adão expulso do paraíso a Nosso Senhor Jesus Cristo (segundo Adão), encarnação do verbo de Deus. A palavra de Deus fez-se carne para poder se manifestar. Essa manifestação deu aos homens a possibilidade de se tornarem filhos de Deus. Esse é o princípio de todas as coisas. O "*archê*" dos gregos (começo). É por isso que Jesus é considerado o primogênito de muitos irmãos.

Façamos uma revisão:

A origem do universo e de toda a matéria existente teve uma causa primeira. Essa causa só pode ser imaterial, posto que a matéria não poderia ter gerado a si mesma e não poderia ter vindo do nada.

A vida e toda sua força de criação caminham para o aperfeiçoamento. Agrupamentos de compostos simples, surgimento de micro-organismos e diversas orogêneses.

O evento do homem se concretiza e dá significado a todas as coisas criadas. Um ser orgânico capaz de compreender seu criador. Porém, de forma precária e rudimentar.

Surgimento do homem espiritual (primeiro Adão). Criado à imagem e semelhança do criador. Porém, imperfeito e desobediente. Incompleto espiritualmente.

Com o nascimento de Cristo (segundo Adão), o verbo torna-se carne. O espírito alcança sua plenitude. O homem pode desde então, por intermédio de Cristo, tornar-se filho de Deus e compreender sua essência espiritual, tornando-se criatura perfeita.

Conclusão:

O destino do homem é aproximar-se de seu criador. São Paulo dá-nos a seguinte explanação: "Ele (Cristo) é a imagem do Deus invisível, o primogênito das criaturas; porque nele foram criadas todas as coisas, as que estão no céu e as que estão sobre a terra, as coisas visíveis e as invisíveis. Tronos, Dominações, Principados, Potestades; tudo foi criado por ele para ele. Ele é antes de todas as coisas e todas as coisas subsistem nele. Ele é a cabeça do corpo da Igreja, e é o princípio e o primogênito dentre os mortos, a fim de que todas as coisas tenham nele o primeiro lugar. Porque foi do agrado do Pai que nele residisse toda a plenitude; e quis que por ele fossem reconciliadas consigo todas as coisas, as que estão sobre a terra e as que estão nos céus, fazendo a paz pelo sangue de sua cruz".

A LUZ E AS TREVAS

A primeira criação de Deus foi a Luz. *"Fiat Lux"* (faça-se a luz). E a Luz foi feita. A partir da luz é que percebemos o mundo visível. Sem luz não haveria vida, nenhuma forma orgânica conseguiria sobreviver. Entretanto, existem outros significados para a palavra luz. Luz significa inteligência, percepção do mundo, sabedoria. Dessa maneira, estaria aí a distinção entre os seres racionais dos irracionais. Para os irracionais, não há percepção profunda do mundo. O que move a vida são os instintos naturais da espécie, os primordiais fatores de sobrevivência (alimentação, vida sexual e preservação). Já os seres racionais possuem uma carga psicológica mais ampla. Os instintos podem ser controlados e existem fatores que determinam as ações (razão), constituição de uma moral, valores, ética e religiosidade. Essa racionalidade pode ser de maior ou menor grau, dependendo da pessoa. Podemos dizer dessa maneira que a Luz é o modo de ver as coisas, de analisar o mundo que nos cerca.

As trevas se caracterizam pela falta de luz. Pode ser bem representada pela ignorância, desobediência, revolta, irreflexão, desordem, queda. Em ordem moral a luz é o bem. As trevas representam o mal. A história humana permeia entre essas duas esferas e não existem livros suficientes para esgotar as relações do homem entre o bem e o mal. O grande problema é delinear o que é o mal. Afirmar que é o contrário do bem não é suficiente. O mal seria a negação da vida. Seria a força de materialização do espírito. A palavra contrária à vontade de Deus. O supremo egoísmo, a falta de caridade e de fé.

O mal é a força que tenta impedir o progresso do espírito sobre a matéria. O mal é antiespiritual. Se o mal vencesse, estaríamos novamente como antes do surgimento do primeiro Adão. O mal é o retrocesso. É a negação da palavra de Cristo, é a negação da palavra de Deus, que fez o homem para chegar à estatura de Cristo. O mal é o anti-Cristo.

Segundo as Escrituras, todo aquele que divide o Cristo é o anti-Cristo. Mas o que é dividir o Cristo? Ora, Cristo é a cabeça da Igreja e nós somos seus membros. Dividir o Cristo é separar as pessoas que acreditam nele em facções diferentes. É por isso que deveria haver uma única Igreja de Cristo. Contudo, ao invés de procurarmos a unidade, separamo-nos por questões banais e de pouca importância. Sendo a Igreja constituída de homens e sendo os homens imperfeitos, é lógico que muitos erros aconteceram e acontecem dentro da Igreja. O que não pode acontecer é deixar que erros humanos possam separar de Cristo seus membros. Creio que divergências podem ser resolvidas com diálogo, e não com separação. Cada nova seita que aparece no mundo é uma fragmentação do corpo místico de Cristo, e isso ele nunca desejou. "Eu sou o bom pastor. O bom pastor dá a vida por suas ovelhas. O mercenário, que não é pastor nem dono das ovelhas, quando vê o lobo se aproximar, abandona as ovelhas e foge, **enquanto o lobo as arrebata e as dispersa**. E isso porque é mercenário e não se importa com as ovelhas".

A HUMANIDADE E O CRISTIANISMO

Vemos claramente, a partir dos Evangelhos, que o homem não estava preparado para receber a Cristo. Os contemporâneos de Jesus não podiam compreender que um homem fosse filho de Deus. Cristo é a pedra de tropeço para muitos sábios e entendidos. Como explicar que um homem cure enfermos, caminhe sobre as águas, acalme as tempestades, ressuscite os mortos, transforme água em vinho etc. Não vemos aí uma semelhança de Jesus com o criador? E qual é essa semelhança? O poder sobre a matéria! Somente o filho de Deus teria capacidade de realizar tamanhos milagres. A mesma força que gerou o universo e deu vida a todas as coisas estava contida na pessoa de Cristo. E, do mesmo modo que a ciência não pode explicar de onde surgiu a menor das partículas, também não poderia explicar os milagres de Cristo. Por quê? Porque se trata daquilo que é imaterial e o que é imaterial não está ao alcance da ciência.

Desde a manifestação de Cristo, a humanidade deverá caminhar ao seu encontro. Quando essa maturidade chegar, seremos semelhantes a Ele e toda a criação fará sentido para nós. Porém, vemos que duras lutas e complexos problemas travam-se no campo do saber, para a compreensão da divindade de Cristo. Existem muitos corações fechados por falta de amor. Existe a prepotência dos filósofos materialistas que ridicularizam a fé sem compreendê-la. Existem os falsos pastores de seitas enganosas que lucram com a ignorância do povo e os erros do sistema democrático que permite tal exploração. Vemos, assim, a falta de interesse pelo bem espiritual do povo. É a covardia de um governo pagão cujo poder judiciário é ineficiente e lento.

O conceito do Império Romano nos tempos de Cristo era: "Não nos importa em quê o povo acredita, desde que pague seus impostos...". Viva à sociedade de consumo! Viva ao capitalismo democrático do século 20!! Que ele continue no século 21!!! E assim caminha a humanidade... mas nem tudo está perdido. A fé desinteressada ainda existe. Os verdadeiros cristãos ainda existem. É a partir deles que a esperança permanece em nossos corações.

Sigamos os conselhos de Cristo: "vigiai e orai para não cairdes em tentação". O Evangelho nos diz que aparecerão muitos falsos profetas que dirão: "eis aqui está o Cristo!". Porém, não lhes deis ouvidos. São estes que colocam grandes fardos nas costas dos homens e nem sequer com um dedo os ajudam a carregar.

O Brasil, ao seguir uma linha de ensinamento europeia desde o século 19, prendeu-se a sistemas de ensinamento agnósticos que subsistem em nossas universidades até hoje. Os jovens que frequentam as aulas universitárias e que estão em sua principal fase de evolução são presa fácil dos destruidores da espiritualidade humana. Deficitários, perdem a noção dos valores que deveriam ser a base de sustentáculo para suas vidas.

Nossas universidades não se preocupam em formar cidadãos. Além das profissões e cursos oferecidos, deveria haver uma preparação de hábitos fundamentais priorizando a formação do caráter e da personalidade. Há um predomínio de paganismo em nossa sociedade. Valoriza-se o material e a aparência exterior, quando o que mais importa é o interior. A tecnologia, ao mesmo tempo em que ajuda ao homem, tira-lhe boa parte de seu valor unitário. Rouba-lhe o emprego e desvaloriza seu conhecimento. Pela internet se propaga todo tipo de malefício e erro, sem a menor vistoria das autoridades. O computador tornou-se indispensável ao ser humano, mas são poucos os que têm conhecimento e dinheiro para possuir esse aparelho. Cria-se o abismo entre a vida comum e a vida tecnológica. Porém, a tecnologia em si é boa. É o homem que, como em qualquer outra invenção, pode usá-la para o bem ou para o mal.

Minha luta é por uma cultura genuinamente brasileira sem a importação de modismos que posteriormente serão desmentidos com o tempo. A cultura ateísta está infeccionando nossas faculdades, roubando o que há de mais precioso na Terra Brasilis: os filhos de nossa pátria. É de se esperar que tenhamos uma sociedade degradada, sem amor ao próximo e descrente, devido à péssima influência de professores sem escrúpulos e sem religião. Perderam a fé (ou nunca a tiveram) e querem que os outros percam também.

Luto, também, contra uma corrente literária e cultural satanista que influencia nossa juventude, colaborando para tantos desvios de personalidade comuns aos adolescentes que são herdeiros de um passado frágil por demérito de pais negligentes, pouco preocupados com o desenvolvimento psíquico de seus filhos. São livros de bruxaria e magismo, CDs de bandas com pentagrama invertido (símbolo de satanás) e filmes de baixíssima qualidade que nada oferecem a quem os assiste.

Para reconhecer se um jovem está sendo influenciado por ideias errôneas, basta observar suas atitudes: vestem-se sempre de preto, não têm respeito pelos mais velhos, não ouvem seus pais, estão sempre isolados do mundo, pois perderam a fé na humanidade. São os "rebeldes sem causa". Querendo ser diferentes, acabam todos iguais. É a geração sem meta, sem rumo e sem coração. Perderam as emoções, a sensibilidade e a noção do belo. É deprimente ver tantos jovens nessa situação.

Como esperar que uma nação forte possa se formar deixando correntes niilistas instalarem-se na sociedade? Entretenimento é uma coisa, subcultura é outra. O Brasil daria um grande salto perante a humanidade se houvesse um critério mais rigoroso para selecionar o que produz conhecimento verdadeiro do que só causa danos à população.

O DESERTO

A divisão das águas! Ir para a esquerda ou ir para a direita? Todos têm batalhas internas a serem resolvidas e além dessas batalhas há também os conflitos pessoais, diferenças de opinião ou de personalidade que não se ajustam por orgulho pessoal. Cada vinho tem seu gosto e é assim com as pessoas. Cristo disse: "o reino dos céus está próximo". Contudo, não é o que vemos na maioria dos relacionamentos humanos. Lutas entre classes, lutas entre povos e nações e lutas entre as idades. Uma moral se colocando acima da outra, uma geração que se vai e outra que vem. O rolo compressor da história não tem dó nem piedade e, em meio a tudo isso, estamos nós sem termos para onde correr. Onde está então o reino dos céus? O reino dos céus está dentro de cada pessoa e somente ela poderá encontrar esse reino interior, se tiver vontade para isso. É necessário o "deserto" espiritual para se entrar no reino. O que é o deserto? O deserto é um lugar que só você pode encontrar e mais ninguém. Uma vez no deserto, haverá as chamadas tentações para tirá-lo da quietude do deserto. Quem vive no deserto é senhor de si mesmo. No deserto há paz, silêncio, clareza, espiritualidade e reflexão. É por isso que Moisés conduziu seu povo ao deserto para que a purificação de Israel se tornasse completa. A solitude é o momento da produtividade. Quando estamos sós, somos impelidos a trabalhar e produzir. É da solitude que brotam as ideias e as descobertas. O homem veio ao mundo só e voltará para Deus assim como veio. O equilíbrio se constrói no silêncio e no retiro. Os profetas sabiam disso e por isso procuravam essa solitude para encontrar a essência de sua interioridade. É impossível nascer algo de bom em meio à agitação humana.

O silêncio abre as portas dos sentidos. Encontramo-nos então em estado de profundidade espiritual. Revelam-se os segredos da natureza, somos transportados a uma nova dimensão de existência, a paz é restabelecida e podemos depois voltar ao mundo dos sentidos, recompostos pela energia universal.

O homem moderno deveria mergulhar no deserto e dele retirar o máximo de proveito. Porém, o que ocorre é exatamente o contrário. Quando estamos sós, sentimos medo e procuramos alguma distração para ocupar nossas mentes. Ligamos o rádio, assistimos televisão ou saímos à procura de companhia (fugas). Nossos pensamentos nos atemorizam e deles fugimos como o coelho foge da raposa. Creio poder afirmar que todas as respostas de nossa existência estão na solitude. No silêncio de nosso ser esconde-se a verdadeira essência de nossas vidas. O quanto antes aprendermos a viver no deserto, mais cedo nos libertaremos de nossas ansiedades e mais aptos ficaremos para viver o mundo real. A solitude deve ser um êxtase de amor, uma procura do verdadeiro eu, uma alegria constante de existir em si mesmo, compreendendo nossas fraquezas e fortalecendo nossas virtudes. Não confundir solitude com solidão. Solitude é bem-estar e solidão é algo que não se deseja. Mas, se Deus está junto de nós, quem estará sozinho neste mundo? Acredito que ninguém.

"Através do silêncio e ocultação, Deus prepara as almas que devem cumprir grandes missões para sua glória" (freiras carmelitas). Não é raro encontrar quem se ache injustiçado em determinados pontos de sua vida, julgando-se esquecido e abandonado por Deus. São os eternos porquês de isso acontecer de tal modo se poderia acontecer de outro. Nunca estar satisfeito com o que se tem, sempre almejando mais. Poder, fama, reconhecimento público e assim por diante. Quem fica de fora desses conceitos é considerado um fracassado. Mas seria isso verdade? É para isso que o homem veio ao mundo? Como dizia Salomão: "tudo é vaidade, um esforço inútil para alcançar o vento". Quando os homens compreenderem essas palavras, abandonarão os desejos vãos e serão verdadeiramente felizes.

Enquanto houver ganância no mundo, haverá dor e miséria entre os povos. Cristo disse para não acumularmos tesouros sobre a terra, onde a traça e a ferrugem os consomem, mas sim acumular tesouros no céu. O que isso significa? Que os verdadeiros tesouros estão dentro do homem, e não fora dele. Fica aqui provada a farsa de certas seitas que pregam o Deus do lucro, do bem-estar financeiro, da reunião dos empresários e do Cristo sem cruz (ou da cruz sem Cristo). Contudo, Cristo veio para os pobres, exaltou os humildes e chamou de bem-aventurados os que choram. Desse modo, se nos encontrarmos no "silêncio e ocultação de Deus", reconheçamos nisso uma bênção que nos conduzirá à verdade. As riquezas da alma são o alento do corpo.

DEMOCRACIA

Democracia (do grego *demokrateia*, governo do povo, pelo francês *democratie*). Regime político que tem por base a soberania popular, divisão de poderes, liberdade de escolha a partir do voto e o controle da autoridade. Sistema de relações que leva em conta todas as opiniões de um determinado grupo ou instituição (Larousse).

Sou favorável à democracia. Contudo, não considero um sistema justo enquanto existirem pessoas de graus diferentes de conhecimento, valores e aptidões. Creio que o melhor sistema seria uma democracia hierárquica. O que seria isso? Seria a diferenciação entre uma pessoa esclarecida merecedora do posto que ocupa, de outra completamente ineficiente, corrupta e despreparada para realizar as funções que lhe são determinadas. No sistema atual, um tolo e um esclarecido valem a mesma coisa (um voto), ou seja, valores iguais a pessoas desiguais. Vejamos o seguinte caso: um médico quer opiniões a respeito de uma operação cardíaca que realizará em seu paciente. A quem ele pedirá conselhos a respeito dessa operação? A um leigo? A um professor de matemática? A um catador de papel? Certamente que não. Ele pedirá conselhos a outros cirurgiões que trabalham na mesma área. O que importa aos homens é saberem quais suas funções dentro de uma sociedade (ordem). Só podemos dar nossa opinião a respeito do que conhecemos. É para isso que escolhemos nossas vocações. Adquirimos conhecimento em determinados setores, para depois termos autoridade nos assuntos que nos cabem.

Outro ponto importante é o grau de maturidade do povo. Onde há corrupção e deturpação de valores morais, a democracia torna-se ineficiente. O sistema político brasileiro está repleto de corruptos. Isso se vê do mais baixo escalão do funcionalismo público, que é cabide de emprego para famílias inteiras, até chegarmos aos mais altos postos do governo federal. Só posso ver uma saída quando tivermos um governo verdadeiramente civil, comandado por pessoas idôneas que a sociedade escolheu legitimamente com ou sem a necessidade de votos. A autoridade se adquire por méritos e o respeito se obtém pela realização de obras.

As leis foram feitas para seu devido cumprimento. O que é antidemocrático é uma lei injusta que impede o direito e a liberdade do cidadão. Se uma lei é boa e aceita por todos, a minoria contrária deve ser favorável ao cumprimento dessa lei. Quando um homem justo e bom comanda a nação, a prosperidade impera. Seu poder não vem do cargo que ocupa, mas sim da admiração de seu povo. Por isso, tanto faz se o regime é monárquico, parlamentarista ou presidencialista. O que conta é o bem-estar do povo. Se o povo é feliz e ama seu representante, não importa o sistema político adotado.

Há duas espécies de justiça: a comutativa e a distributiva. A comutativa, segundo Aristóteles, refere-se à compra e venda e consiste em receber mutuamente. A distributiva refere-se a dar a cada qual o que corresponde à sua dignidade. Portanto, a justiça de Deus só pode ser distributiva. Vê-se isso com maior clareza nas palavras do Evangelho, onde o centurião afirmava não ser digno que o Senhor entrasse em sua casa. Note-se que o que é indigno para o homem pode ser digno para Deus, pois somente Deus sabe o que habita nos corações humanos.

O sistema político brasileiro deve ser alterado. Adotamos o pluripartidarismo, e a união necessária para resolver os problemas de ordem nacional é ineficiente. Isso se deve ao afastamento do livre-arbítrio e a interesses partidários que só querem tirar proveito em benefício do próprio partido. A oposição quer derrubar o governo e o governo quer derrubar a oposição. Quem sai perdendo é o país. As leis não são aprovadas, os projetos são barrados e o Brasil não cresce. Por isso, sou favorável ao governo civil. Acredito no homem de pensamento livre que não está ligado a nenhum partido político. Professores, filósofos, físicos, ecologistas, astrônomos e todos os que têm consciência e liberdade para demonstrar suas convicções. Se o governo fosse constituído de tais homens, seríamos a maior nação do mundo. Cristo disse: "um reino dividido contra si mesmo não pode subsistir". Enquanto o Brasil estiver dividido em partidos, não conseguirá sair da situação em que se encontra. Será que é tão difícil aos homens reunirem-se em plenário com a única finalidade de promover o bem para seu povo? Os interesses da nação estão acima dos interesses partidários. Sendo assim, não deveria existir partido algum. Deveria existir um grupo de homens reunidos para solucionar as questões primordiais para o Estado.

Não é necessário oposição. Todos fiscalizariam a todos, tornando-se mais eficiente a luta contra a corrupção. O Brasil é grande e, se conseguirmos unir esta nação, seremos a maior civilização do terceiro milênio.

QUESTÕES IMPORTANTES

"Somos os que somos e não adianta tentar mudar...", muitas vezes escutei essa frase em minha vida. E é por tal motivo que realizo esta obra, deixando bem claro que não posso concordar com tal pensamento. Rever pensamentos e modos de agir é passo fundamental para não estagnarmos interiormente. Ser uma criatura em constante evolução implica estar pronto para mudanças quando necessárias.

Liberdade implica responsabilidade. O respeito aos seres humanos é essencial, mas a vida nos mostra que nem sempre isso é possível. Por isso, nunca julgue alguém pelo conhecimento que tem, mas sim pela maneira de tratar os outros. Algumas regras podem ser estabelecidas, não significando que somente estas podem ser utilizadas. O tesouro do saber assopra onde lhe apraz e cada um tem descobertas úteis ao seu dia a dia.

1. Só falar quando for consultado, ou quando for de extrema importância. Nunca falar sobre o que se desconhece.
2. Buscar sempre a verdade em qualquer debate.
3. Perdoar as faltas alheias. Se não for possível, ao menos não desejar mal a ninguém.
4. Ensinar somente aos que querem aprender.
5. Contentar-se com aquilo que se tem. A ganância traz muita infelicidade aos seres.
6. Cativar as pessoas. Ser simpático com todos.
7. Tomar cuidado com o orgulho, que sempre nos leva ao erro.
8. Estudar sempre. Não há limites para o conhecimento do homem.
9. Conhecer as escrituras.
10. Ter sempre uma linguagem adequada para cada faixa etária. Ser criança com as crianças, jovem com os jovens e idoso com os idosos. Sinceridade em primeiro lugar.
11. Nunca reparar em um defeito físico que possa existir em alguém. Ver além das aparências.
12. Não fazer distinção de pessoas (rico ou pobre).

13. Não julgar uma pessoa pelo trabalho que realiza, mas sim pelo que ela é. Todos têm o direito de viver como quiserem.
14. Ser prestativo e interessado.

Bem, poderíamos seguir enumerando diferentes regras de conduta que bem ou mal seriam realizadas por nós. O importante não é realizar todas as resoluções tomadas, mas sim ter uma escala de valores adquiridos que possam contribuir para a melhoria de nossas vidas. O fator mais importante é não abandonarmos o caminho do bem. É importante saber que a amizade sincera existe, mas mesmo ela oferece angústias e decepções. Portanto o perdão das faltas alheias é primordial para vivermos conforme a graça de Deus. Se por acaso alguém nos ofender e, além disso, recusar nosso perdão, será melhor o afastamento dessa pessoa. Em tais casos, o perdão espiritual em forma de oração deve ser dirigido a tal pessoa diariamente. Quanto aos inimigos confessos, Cristo nos disse: "amai vossos inimigos". Com a mente sincera e o coração liberto de qualquer amargura, deve-se perdoar aos nossos semelhantes sem sombra de distinção. Por mais difícil que isso pareça, é o melhor caminho para uma vida interior tranquila. Perdão é gesto de alma grande. Peçamos a Deus para nos iluminar e nos dar a dádiva de sabermos perdoar aos nossos ofensores. Perdoar inclusive àqueles que não nos perdoam. Meditem sobre isso.

FALAR AOS HUMILDES

Percebi em meus estudos que alguns autores usam uma linguagem extremamente difícil, querendo com isso mostrar certa erudição e sapiência. Poderia dizer que são "mestres falando aos mestres", e não ao público que necessita de conhecimento. É lógico que, se numa sala existe uma quantidade de pessoas esclarecidas, deve-se usar uma linguagem mais apurada. O erro que quero denunciar é a intenção de só falar aos sábios e entendidos, desprezando a simplicidade dos seres e transformando-se em um demagogo que não sabe aonde quer chegar. É comum o uso de palavras obsoletas que não trazem nenhum benefício para quem as escuta. Jamais se deve sacrificar a clareza das ideias. Fazer-se entender é a melhor qualidade de um orador e são poucos os que têm esse dom.

Uma observação básica é compreender que os menores e humildes são os verdadeiros merecedores de nossas palavras. Dar-lhes esperança e meios para se fazerem homens diante de Deus. Falar-lhes ao coração, oferecer-lhes um sopro de luz e reanimá-los diante da vida. Se falo e não ensino a ninguém, de que me serve? Não foi tempo perdido? Ter definido em nossa o mente o que se quer transmitir é primordial para o desenvolvimento das ideias.

Se a palavra não serve para edificação de meu próximo, para nada serve. Até quando o assunto escolhido for extremamente técnico, deve-se quebrar a secura do texto com dissertações que tragam benefício ao espírito humano. Saber que a qualidade é melhor que a quantidade, jamais julgar que é pelo muito falar que seremos ouvidos e saber avaliar se o interesse do público está realmente condicionado às nossas observações. Se nossos ouvintes estiverem com a mente dispersa, ou a atenção voltada para outro ponto, convém não desperdiçar nossas palavras enquanto não recuperarmos a atenção de nossos ouvintes.

Querer o bem a todos deve ser o ponto de partida para quem deseja a oratória. Quem ama o próximo procura boas palavras para expressar esse amor.

APOLOGIA DA FÉ

Defender minha fé não significa atacar a fé dos outros, mas sim justificá-la. Jamais me calarei diante das injúrias e blasfêmias proferidas contra a Igreja. Se assim procedesse, estaria negando meu Batismo e minha Crisma, deixando meus votos como se nada fossem. Àqueles que tentam impedir que as pessoas vão à missa, afirmo que estão impedindo a aproximação do corpo de Nosso Senhor Jesus Cristo contido na hóstia consagrada.

Neste século vejo um enfraquecimento do entendimento humano para compreender os mandamentos de Deus e da Igreja. Por esse motivo, vejo-me na obrigação de defender o que considero correto, fazendo uma pequena explanação sobre assuntos de interesse comum.

"Aqueles a quem perdoardes os pecados serão perdoados; aqueles que retiverdes, serão retidos" (João 20,23). O padre: terapeuta dos pobres! Confessar-se. Eis um mandamento de Cristo dado aos Apóstolos e que os católicos carregam desde os primeiros anos da Igreja. Muitos são os que se negam a praticar o ato de confissão. Ou por vergonha, ou por medo, ou por não acreditar que um homem seja capaz de perdoar os pecados. "Eu só me confesso a Deus...", dizem certas pessoas. Porém, estão enganadas em considerar inválidas as confissões feitas ao sacerdote, ignorando a ordem do próprio salvador para aqueles que o seguem.

A verdade é que é necessária muita humildade para se apresentar a outro ser humano e dar-lhe a conhecer nossas faltas. Outra questão importante é o arrependimento. O perdão só tem eficácia se nos propomos a uma mudança de nossas atitudes. Sinceridade e vontade de não mais voltar ao erro são os dois primeiros passos para libertar-se dos males e vícios adquiridos durante a vida.

Se minha vida me desagrada, devo ter força suficiente para que haja em mim uma capacidade de mudança interior. Essa capacidade se adquire por meio de uma prática que torne possível o aumento de minha vontade, que deve ser soberana e ter o domínio absoluto sobre o corpo e a mente. Contudo, é necessário compreender o quanto é difícil o equilíbrio de nossas faculdades.

O importante é nunca desistir e seguir sempre em frente, deixando que Deus nos conceda as graças para tornarmo-nos filhos e filhas verdadeiramente dignos e dignas de nosso Pai que está no Céu. Nisso consiste a vida!

CAPACIDADE ATENCIONAL

Eis o diferencial das pessoas no plano da intelectualidade. Para alguns é fácil concentrar-se em algo. Para outros, essa capacidade lhes falta e é como se não pudessem prestar atenção em determinados assuntos.

A capacidade de prestar atenção difere o gênio das pessoas comuns. Uma mente dispersiva não pode adquirir conhecimentos e aqueles que possuem naturalmente a capacidade atencional são os melhores alunos da escola e serão felizes nas profissões que escolherem. Quando existe compreensão sobre determinados assuntos, é porque verdadeiramente aprendemos sobre esses mesmos assuntos. Portanto, quando formos ler um texto ou assistir a uma aula, devemos sempre visar à compreensão do tema, e não somente decorar o que nos foi ensinado. Quem compreende jamais esquece.

Regras básicas para bem apreender:

Em filosofia há três operações do espírito: *apreensão, juízo e raciocínio.*

A *apreensão* é o ato do espírito pelo qual a inteligência atinge ou percebe alguma coisa sem dela nada afirmar ou negar (primeira operação do espírito).

O *juízo* é o ato pelo qual o espírito une quando afirma ou separa quando nega. Afirma-se ou nega-se quando se declara que uma coisa é ou não é (segunda operação do espírito).

O *raciocínio* é o ato pelo qual o espírito, por meio do que já conhece, adquire um conhecimento novo (terceira operação do espírito). No raciocínio o espírito é movido por duas operações percebidas como verdadeiras (antecedentes) para produzir uma terceira proposição (consequente).

Não convém pular as fases para que se tenha uma justa compreensão dos conceitos. Dessa maneira, o homem pode avançar em seus conhecimentos para a percepção do mundo que o cerca.

O pensamento é racional e intuitivo. É racional quando se baseia no que se conhece e intuitivo quando analisa o desconhecido.

Entre as maneiras mais nobres de pensar, está a poesia. "Poesia (*poiesis, poeiô*) termos gregos que significam a **ação de fazer**. Arte de fabricar, confeccionar, inventar, produzir, fazer nascer, causar, buscar, investigar, fazer segundo seu gosto, apreciar, julgar. Poeta (*Poietes*) é quem realiza estas obras. Autor, criador, fabricante, artesão. O poeta produz poemas porque é poético" (Mário F. dos Santos). Poesia é a arte de retirar o poema que existe nas coisas. Essa capacidade existe em maior ou menor grau na pessoa que vê o objeto, quer por abstração, quer pelo contato direto com o objeto.

Deus é o grande poeta do universo.

OS FALSOS CRISTÃOS

Quero abordar as contradições dos que se dizem cristãos, mas não o são. Considero isso indispensável, porque está em jogo a preciosidade da palavra de Deus, que sofre alterações por culpa de pessoas despreparadas ou mal-intencionadas.

Primeira questão: usar cabelo comprido e barba.

Vejam o absurdo dos que proíbem o uso de cabelo comprido ou barba. Ora, Jesus Cristo era cabeludo e barbudo! Era costume da época assim proceder. Portanto, se alguém lhe pedir para cortar a barba ou o cabelo, não lhe dê crédito. Para Deus o que importa é a pessoa e o que está em seu coração.

Segunda questão: não beber.

O primeiro milagre de Jesus foi transformar água em vinho. Nas bodas de Canaã, a festa já estava no fim e os convidados estavam bêbados. Se Cristo não quisesse que bebêssemos, não teria feito o vinho. Isso não significa que devamos ser alcoólatras, mas sim termos noção de nossas responsabilidades e respeito com o próximo. O que entra pela boca do homem não faz mal ao homem. É o que sai da boca do homem que prejudica o homem.

Terceira questão: não acreditar em Maria.

Foi o próprio Cristo que disse ao seu discípulo mais amado (João) que cuidasse de sua mãe. "Filho, eis aí tua mãe". E para Maria: "Mulher, eis aí teu filho". Desde então João recebeu Maria como mãe e ficou com ela em sua casa. Se formos verdadeiramente discípulos de Cristo, devemos fazer o que ele nos ordenou, considerando Maria como nossa mãe e como mãe da Igreja. No Apocalipse, Maria é coroada com doze estrelas, rainha do céu e da terra. O anjo do Senhor na anunciação disse: "Bem aventurada és tu entre as mulheres". E ainda: "Eia, pois, cheia de graça!". Portanto, aqueles que não consideram Maria e lhe negam a devoção não agem conforme a palavra do Evangelho e não podem ser considerados cristãos.

Quarta questão: falsa acusação de idolatria.

Há os que veneram uma cruz vazia, porque dizem que Jesus ressuscitou e saiu da cruz. Dizem que os que veneram a cruz com Cristo veneram um Deus morto. Novamente estão errados. A imagem de Cristo crucificado representa o sofrimento que toda criatura passará em sua vida. A hora da doença chegará, a hora de nossa morte chegará. A imagem de Cristo crucificado nos mostra que devemos ser desapegados dos bens materiais desta vida. Não há vida sem sofrimento e a verdadeira condição humana é frágil e dependente do amor divino. Cristo falou: "Felizes os que choram porque serão consolados".

Quinta questão: são contra o sacramento da confissão.

Cristo disse a seus Apóstolos: "A quem perdoardes os pecados, serão perdoados. A quem não perdoardes, não serão perdoados". E a Pedro disse: "O que ligardes na terra, será ligado no céu. O que desligardes na terra, será desligado no céu". Sendo assim, o ato de confissão foi instituído por Cristo e quem não se confessa não cumpre o preceito deixado pelo Mestre.

Sexta questão: o segundo batismo.

Existem seitas que batizam os novos adeptos uma segunda vez. Dessa maneira, negam o primeiro batismo cometendo um erro gravíssimo. Só existe um batismo e ninguém pode invalidar um sacramento que em nome de Cristo foi administrado.

Sétima questão: sobre os santos.

Não aceitam as estátuas dos santos e não acreditam neles. Outra vez se enganam. O que existe de mais belo no mundo do que uma pessoa que se entrega totalmente a Deus? Alguém que vive somente por amor de seu próximo não merece ser lembrado? Pois é assim que deve ser. Se Tiradentes ou Rui Barbosa podem ter suas estátuas nas ruas e praças, por que os santos não podem ter também? Se tivermos em nossas casas fotos de nossos pais e avós para nos lembrarmos deles, que mal há nisso? Um santo não é produto da imaginação humana. Idolatria é adorar aquilo que não existe (bezerro de ouro). Um santo é uma pessoa que realmente existiu. Ninguém faz um santo. Ele se faz sozinho e é por seus próprios méritos que conquistou tal veneração. Não adoramos a Deus na pessoa de Cristo? E por que não adorar a Cristo nas pessoas dos santos?

Na igreja primitiva, era costume de Paulo escrever desta maneira: "Paulo, Apóstolo de Cristo Jesus pela vontade de Deus, e o irmão Timóteo, à Igreja de Deus estabelecida em Corinto e a todos os **santos** que estão em toda a Acaia" (2Cor. 1,1). E Pedro disse ainda: "Sede santos em toda vossa conduta, assim como é santo aquele que vos chamou" (1Pedro 1,15). Se não existem santos, como Paulo chama a todos os cristãos de santos? Pensem nisso.

Oitava questão: por que não existe mulher padre?

A palavra *padre* vem do latim e significa PAI. Portanto, masculina. Todavia, não é esse o principal aspecto a ser analisado.

Cristo escolheu doze Apóstolos para serem seus discípulos. Não escolheu nenhuma mulher, mas nem por isso as amava menos. As mulheres sempre tiveram papel importante dentro da Igreja. A vida consagrada deu-nos muitas santas durante a história e o processo de santificação das pessoas não escolhe sexo. Outra questão importante é a humildade de quem se oferece a Deus. Quer a pessoa seja homem, quer seja mulher, é imprescindível o abandono da vida pessoal e das vaidades humanas. Portanto o homem torna-se padre ou monge e a mulher torna-se freira. Ambos servem a Cristo e têm seu valor diante de Deus.

No campo da fé, não existe lugar para intrigas e guerras dos sexos. Todos são iguais perante Deus, mas cada um dentro de suas funções. Machismo e feminismo são coisas do mundo e o que é do mundo não pode agradar a Deus. Indagar o porquê de não existir uma mulher padre é o mesmo que indagar o porquê de não existir um homem na condição de freira.

Quem serve a Deus não se preocupa com essas questões.

Nona questão: o celibato.

O celibato é um Dom e aqueles que foram agraciados com esse Dom não sentem dificuldade alguma em manterem-se castos. "Bem aventurados os puros de coração, porque verão a Deus!" São os que mais se aproximam do Senhor. Entretanto, nada há de feio ou errado no relacionamento sexual. Cada um deve agir conforme a natureza recebida, sempre levando em consideração os mandamentos deixados nas Escrituras.

Considero absolutamente normal alguém optar pelo não relacionamento sexual. Tal opção tem como resultado uma vida mais desprendida e livre, pois não sofre interferências de relações malsucedidas e frustradas. O equilíbrio e a capacidade de ação sempre saem beneficiados pelos que praticam o celibato. Aos que não conseguem viver sem relações sexuais, é preferível que encontrem alguém e se casem. Nada há de mal em uma vida a dois ou na sexualidade humana.

Décima questão: aborto.

Em relação ao aborto, a Igreja está certa em defender a vida. É verdade que o corpo da mulher pertence a ela, mas o corpo do feto não é dela, e sim de Deus. Como posso dizer que meu filho é meu corpo, podendo fazer o que quiser com ele? Meu filho é uma pessoa distinta de mim e nada justifica tirar a vida de quem não me pertence. Cada ser vivo tem seu destino a cumprir na Terra e abreviar a existência de quem quer que seja é contra as leis de Deus. Feliz é a mulher que se sacrifica por seus filhos. Prova de amor e de nobreza. Melhor é a consciência limpa e a certeza de estar vivendo conforme a justiça de Deus. Quem ama não mata.

Décima primeira questão: os maus padres.

Aos padres que desonram suas batinas cometendo atos ilícitos que não correspondem ao Evangelho de Cristo, tenho um conselho: não manchem o nome da Santa Igreja com suas condutas irrefletidas. O padre deve ser exemplo de castidade, paciência, conselho, benevolência e perdão. Na Igreja não há lugar para pedófilos, sodomitas e transgressores da lei de Deus. Retirem-se os que não podem ser exemplo de boa conduta. Por culpa de poucos, um grande número de sacerdotes têm suas consciências entristecidas. O sacerdócio não é para qualquer um. Apenas para os que têm a graça e a responsabilidade perante seus fiéis. Quem não consegue refrear a sua carne deve abandonar a Igreja e viver uma vida comum. Aos que tem desvios de personalidade, procurem tratamento médico. Não profanem aquilo que é santo.

METÁFORAS

Não tenho certeza da utilidade de meus escritos. Talvez sirva de espelho a alguém necessitado ou simplesmente complete as horas vagas de quem lê por puro hábito adquirido. O que quero deixar claro é meu empenho em tornar independentes aqueles que me escutam. Não se deixem iludir! Existem muitos falsos profetas por aí, tentando abocanhar uma fatia do grande bolo que é a humanidade. É por isso que aviso aos desatentos para não caírem na "rede" feito peixes. A liberdade é algo que existe no interior do homem e tem muita gente colocando minhocas nas cabeças dos outros, só para vender uma enxada depois.

É um mar de tolices e vulgaridades, com pequenas ilhas para os eventuais náufragos que se salvam da tempestade. Consciência é algo raro hoje em dia e os condutores de cegos (tão cegos quanto os últimos) cairão no buraco, podem ter certeza. Resta a esperança de amadurecer o cacho de bananas da inteligência, para podermos enfim degustar um alimento verdadeiramente proveitoso à nossa alma. O problema é vencer os momentos de aridez que se espalham na vida de um escritor. Existem duas maneiras de escrever: uma é por método. Podemos desenvolvê-la por meio das práticas de filosofia, oratória e retórica. A outra é produto da intuitividade. Nasce da alma, do coração, não necessita de artifícios, pois é suficiente em si mesma. Entretanto, não é sempre que a inspiração se nos apresenta. Sendo assim, vemos que os dois métodos são válidos desde que haja sinceridade por parte de quem os pratica.

Quando a alma está cheia de amor e esperança, é o momento mais precioso para se escrever. É o céu do pensamento. Vemos na obra de Dante (*Divina Comédia*) essa sublimidade que o fazia viajar do Inferno ao Purgatório e consequentemente ao Céu. Era seu amor por Beatriz que impulsionava essa viagem. Em meio à escuridão da vida, surge-lhe uma luz na densa floresta negra. Encontra Virgílio, que será seu guia durante toda a jornada e, por fim, chega ao encontro de sua amada, produzindo dessa maneira uma das mais belas obras da literatura universal.

O VALOR DE UMA VIDA

Uma vez que viemos ao mundo, temos o direito à vida que nos foi dada. Cada qual com seus desejos, sonhos e esperanças. Direito à dignidade, um bom nome, direito à liberdade, direito de ser feliz, de amar e, principalmente, o direito de desfrutar do planeta que nos foi legado. O destino da vida é a morte. Todos os viventes caminham para o mesmo destino. Portanto, não há injustiça por parte de Deus, uma vez que a morte vem para todos. Sendo assim, morrer é a consequência natural de todo ser vivo. O que não podemos aceitar é que alguém interrompa o ciclo natural da vida de forma violenta e desnecessária. A morte prematura dos justos, assassinados por nossos pecados e misérias. "Não matarás!", diz a Escritura. Então, por qual motivo a perseguição e a injúria contra os filhos de Deus? Exemplos de martírio é o que não nos falta. A começar pelo sangue de Abel derramado por seu irmão Caim, por pura inveja. O primeiro mártir cristão foi Estêvão, apedrejado diante do ainda perseguidor Saulo, que posteriormente deixaria de perseguir a Igreja, se tornando o Apóstolo Paulo de Tarso. O sangue de Cristo, derramado na cruz, não deveria interromper tais atrocidades? E, nos dias atuais, o que vemos? Judeus e muçulmanos em guerra, matando-se uns aos outros. No Brasil, a guerra do narcotráfico e a violência urbana. O terrorismo que mata pessoas inocentes, homens-bomba se explodindo, aviões sendo jogados contra edifícios e a prepotência de nações invadindo países, se julgando senhores do mundo.

Só existe um caminho possível: o perdão. O bem sempre será superior ao mal e o diálogo é melhor que a guerra. O dinheiro gasto em bombas e armamentos poderia ser usado na recuperação do planeta, no combate à fome e no desenvolvimento dos países pobres. Por que o homem não faz isso? A única explicação que encontro é a falta de amor e inteligência. Mentes arcaicas, cheias de mágoas e rancores guardados de geração a geração e a ganância por territórios e dinheiro. Bem, espero que o amadurecimento da humanidade se concretize brevemente e que o homem consiga ver em seu próximo um irmão, com os mesmos direitos de habitar o planeta. Somos chamados a construir uma sociedade que valorize o homem de bem e todos têm o direito de viver e aproveitar a existência para aprendizado e felicidade.

Só aceito a morte natural.

O ORGULHO É O PAI DA IGNORÂNCIA

O que nos impede de aprender e progredir? Não é o preconceito diante dos fatos que analisamos sem a devida atenção de nosso espírito? A verdade não se manifesta aos que desprezam uma justa avaliação sobre qualquer tema, por mais banal que seja. Por isso a paciência é virtude indispensável aos amantes da verdade. Primeiramente escutar, depois raciocinar e, por último, o juízo, que deve ser justo e voltado para o bem. Seguindo essas regras básicas, não seremos os donos da verdade, mas sim amantes desta. A palavra filosofia vem do grego *filos* = o que ama + *sofia* = saber. É o amor ao saber. É querer a verdade acima de tudo. Filósofo é o que ama a sabedoria.

Não existe homem que não cometa erros ou falsos julgamentos e, como nos afirmava Cristo: "se teu olho for bom, todo teu corpo será luminoso". O "olho" é a nossa intenção. O homem bom retira de seu bom coração a força e capacidade para analisar os fatos. Contudo, se temos uma índole corrupta e um coração malvado, veremos somente a corrupção e a maldade.

A capacidade para progredir no campo da sabedoria só pode ser conquistada pela perseverança e sacrifício. Se um pensamento me chega à mente e o escrevo, permanece para sempre. Se o deixo passar sem anotá-lo, desvanece-se como uma nuvem, dissipando-se para nunca mais voltar. Não há progresso sem comparação do antecedente. Por isso é importante escrever o que pensamos. Escrever é trazer ao mundo exterior o que existe longe dos olhares alheios. O ponto-base é a sinceridade.

Expor ao olhar dos outros nossos segredos particulares é uma profissão de risco. Na maioria dos casos, os homens são julgados por sua aparência. Roupas, cabelo, dentes, cor da pele etc. Porém, só Deus sabe o valor de um ser humano e o que ele carrega dentro de si. Quem valoriza somente a aparência jamais compreenderá a beleza e a singularidade de uma vida. Os valores adquiridos durante toda uma existência são a prova definitiva para compreensão da alma. O difícil é abandonar as coisas vãs... o velho homem que habita em nós e que teima em não morrer. Se quisermos que o homem novo apareça, devemos abandonar os erros do passado sem a menor mágoa. Lamentar-se não adianta. O arrependimento, esse, sim, é que vale a pena. Arrepender-se é uma firme vontade de mudanças que só traz benefícios. Desse modo é que sentimos o crescimento e o progresso que nos levam à maturidade. Todavia, arrepender-se não deve significar diminuir-se como Ente. É, sim, um direcionamento de nossa vontade para que a vida se torne melhor.

Onde há entendimento, há vontade. O querer direcionado pela vontade nasce da compreensão do que se quer. Quanto mais forte é a compreensão e o entendimento, melhor será o direcionamento da vontade. É por isso que a ignorância produz a inércia. Mas de qual entendimento estou falando? Ora, é a adaptação do ser ao estado de vida em que se encontra. Esse é o primeiro passo. O processo é simples: primeiramente admitir as imperfeições e limitações que lhe são próprias, parar de mentir a si mesmo e ver as coisas como elas são. Dedicar um tempo para aprendizado e reflexão e, principalmente, comunicar-se com Deus desejando a harmonia e o equilíbrio que desse contato floresce.

Há pessoas que já nascem com uma predisposição para viver sem maiores problemas. São os que vivem impulsionados pela própria natureza que os anima. Neles não houve qualquer deformidade em sua vontade natural. São os simples de coração, os humildes e desapegados dos bens materiais. Esse tipo de vontade vem do amor, que é a raiz e a natureza de qualquer ato e vontade.

Quem muito ama, muito faz.

CAPITALISMO: UMA INSTITUIÇÃO FALIDA.

Qual o objetivo do sistema capitalista? O lucro. Ora, se alguém tem lucro, é porque outro alguém saiu perdendo. É por isso que vemos tanta pobreza no mundo. Os países ricos ficam mais ricos, enquanto que, no caso dos países pobres, torna-se inviável o progresso por não disporem de meios para saírem da situação em que se encontram. Vamos supor que em uma mesa se sentem dez pessoas. Cada uma receberá quinhentos reais para comercializarem entre si. O que acontecerá no final da comercialização? Alguém sairá de mãos vazias, enquanto que outros sairão com os bolsos cheios.

É comum vermos o acúmulo de riquezas em posse de um único indivíduo. Como pode uma pessoa possuir bilhões e bilhões de dólares enquanto bilhões de pessoas não possuem nada? Não é isso prova suficiente de que o sistema está errado? Não é daí que nascem as guerras e os conflitos? Deveríamos desde já estabelecer uma nova regra mundial que tenha como prioridade o desenvolvimento sustentável, a produção de combustíveis não poluentes, a preservação da natureza e das espécies e a reeducação das pessoas para se prepararem para essas mudanças.

A paz só é possível aos que a desejam. Ela é resultado da ordem e da diligência. Não falo aqui de uma ordem imposta pela força, mas sim daquela que nasce da livre escolha que cada um deve tomar para que se torne fecunda a semente do amor. Um povo dividido não pode subsistir. Por isso, empreender com esforço a tarefa que nos cabe, tendo como princípios: a união e o compromisso com a verdade.

A sociedade indígena vive de maneira mais nobre do que qualquer outra sociedade. Não possuem nada e ao mesmo tempo possuem tudo. Nós, os civilizados, vivemos a vida inteira trabalhando para ganhar o sustento de nossas famílias e quando estamos velhos é que nos livramos das obrigações que nos foram impostas. E o que aconteceu então? A vida passou e não aproveitamos nada. É a sociedade de consumo e da desigualdade. Prefiro a definição de Domenico De Masi (sociólogo italiano), que diz: "o homem foi feito para o ócio!". Provavelmente, quem inventou o trabalho não tinha o que fazer. Gastar a vida e a saúde para ganhar dinheiro e, depois, gastar o dinheiro para recuperar a saúde e a vida. Os únicos que saem beneficiados são os eternos senhores de engenho donos dos escravos de suas senzalas.

Quando falo em ócio, não me refiro à preguiça ou à falta de atividade física e mental. Refiro-me ao ócio produtivo. Dedicar-se à arte, filosofia, cultivar a terra, praticar esportes e desenvolver a liberdade. O homem tem a vida demasiado curta para desperdiçá-la a troco de nada. Desfrutar a vida e dela retirar o máximo de qualidade. Abaixo a escravidão! Fora aos pagadores de salários mínimos!

"Conhecereis a verdade e ela vos libertará!" Seguindo esse conselho de Cristo, seremos felizes.

CONFLITOS MUNDIAIS

Quando os homens não querem mais conversar, deixa de existir a possibilidade de resolverem suas diferenças. Mas por que o diálogo não é possível? Não seria porque o homem perdeu o interesse pela verdade e, sem esse imprescindível fator, torna-se difícil qualquer conversação? A verdade foi substituída por interesses econômicos e comerciais. Existem também ideologias voltadas para o sentimento de superioridade que um povo tem para com o outro. São os vários "ismos" que separam os homens e os impedem de serem irmãos. Exemplo: a teoria da evolução das espécies de Charles Darwin mais os conceitos filosóficos de Friedrich Nietzsche sobre o super-homem deram à luz o nazismo ridículo, que tanto mal fez e faz à humanidade. Nenhuma raça é superior a outra. Todos são filhos de Deus.

Capitalismo, comunismo, neoliberalismo, nazismo... sistemas criados pelos homens para organizar a sociedade que, ao invés disso, a estão destruindo. Esses sistemas estão caducos e não servem mais. Essa é a realidade que devemos encarar para que os próximos mil anos de história possam ser diferentes do passado brutal e grotesco escrito pelo homem. Se quisermos prosseguir cometendo os mesmos erros de nossos antecessores, nosso destino não será diferente dos dinossauros, e as baratas, que talvez ainda estejam por aqui depois de tudo acabar, visitarão seus museus para verem nossas carcaças expostas ao público (as baratas), perguntando-se do porquê de nossa extinção.

Se colocarmos a verdade acima de nossos interesses, sempre encontraremos uma saída. Para isso é necessário humildade e compreensão. O perdão deve ser sincero e profundo a ponto de apagar as mágoas e ódios cometidos no passado.

Eu fico imaginando quantos Cristos terão que nascer para que o homem compreenda a palavra Paz. Educamos nossos filhos para que sejam os primeiros em tudo. Como dizia Machado de Assis: "ao vencedor as batatas!". Porém, essa mesma obstinação em vencer acaba por se tornar um fardo e uma opressão sobre a mente de nossas crianças. A lei do mais forte, o culto à beleza física inatingível, valores que acabam inflamando nossos descendentes, tornando-os debiloides sem juízo. Temos, dessa maneira, uma diminuição da emotividade e sensibilidade, deixando os seres humanos carentes de ternura, incapazes de manifestar sua interioridade. Se admitirmos nossas fraquezas e considerarmo-nos vulneráveis aos desmandos da vida, compreenderemos nossa verdadeira condição. A opressão que existia deixa de nos afligir e viveremos saudáveis e equilibradamente. É por isso que Cristo disse: "quem se humilhar será exaltado e quem se exaltar será humilhado".

A violência urbana é um sintoma da sociedade moderna. Deveríamos analisar, antes de qualquer coisa, quais são as principais causas que levam o homem a essa violência desmedida.

A primeira delas é a econômica: se o pai de família não encontra meios de satisfazer às necessidades básicas de seus entes queridos, atira-se no mundo da marginalidade, de onde é difícil retornar. A única solução é o desapego material. Uma comunidade que tenha a caridade com os seus, provendo a todos de condições mínimas para que se viva bem.

A segunda causa é a de ordem psicológica. A falta de estrutura para resolver as dificuldades da vida. A má formação da personalidade, uma educação deficiente, os problemas familiares mal solucionados. Quem não sabe viver em família, não saberá viver em sociedade.

A terceira causa é a espiritual. É o descaso dos pais em educar seus filhos na palavra de Deus, justamente porque eles próprios não são cumpridores desta. Se não seguimos os mandamentos, nem por isso eles perdem valor. A verdade é eterna e o que era bom para nossos antepassados pode ser bom para nós também.

Quer seus direitos? Cumpra seus deveres. Como é fácil apontar os erros e faltas de nossos semelhantes. Como é difícil oferecer respostas e soluções aos problemas, analisando também nossa conduta e nosso comportamento. Só vejo um meio de combater a violência, e esse meio é a educação. É a valorização do que há de bom nos seres. A fidelidade conjugal, o trabalho honesto, a compaixão, a amizade, o amor à vida, a justiça, a fé e a caridade. Colocar essas virtudes em prática e fazê-las parte de nossas vidas. Quem se corrompe e esquece suas origens não pode ser feliz.

A liberdade é uma faca de dois gumes que pode conduzir o homem para o bem ou para o mal. Tudo depende de nós. Nossos atos definirão nossos destinos e, sendo assim, cabe a nós definir qual caminho seguir. É a eterna luta da humanidade para manter-se em pé. Deus não é injusto e se revela aos que o procuram.

O caminho do bem triunfará.

ORIENTE MÉDIO

Segundo o Gênese, Abraão, aos oitenta e seis anos, tomou sua escrava Agar, tendo como filho Ismael, que é o pai de toda a nação árabe. O Anjo de Deus disse a Agar: "Eis que estás grávida e darás a luz a um filho a quem porás o nome de Ismael; porque Deus ouviu tua aflição. Ele será como um asno selvagem; ele contra todos e todos contra ele, e ele habitará apartado de seus irmãos".

Gostaria que Abraão estivesse vivo para ver seus filhos brigando! Como podem judeus e muçulmanos não se verem como irmãos? Se a prática do perdão fosse enxertada em seus corações, haveria paz entre eles. Gostaria que esses povos lessem o Evangelho e compreendessem a doutrina de Cristo. Quem ama a verdade procura respostas para seus conflitos. O caminho que percorrem vai levá-los à destruição, e o mundo, estático, terá que assistir ao espetáculo da ignorância e da falta de amor.

"Bem aventurados os homens de boa vontade, porque deles é o reino dos Céus". Boa vontade! Existe boa vontade para conquistar a paz?

Os muçulmanos estacionaram no tempo. Parece até que estão na Idade Média. Toda doutrina que impede o homem de progredir não vem de Deus. Seria hora de rever conceitos e acompanhar o progresso da humanidade. Isso não significa abandonar a fé que depositam no Corão. O problema é quando só se tem um livro para ler na vida. Eu sou cristão, mas existem outros livros além da Bíblia para serem lidos. Isso diminuiria minha fé? Certamente que não. Deus sopra onde quer e a verdade é melhor que a ignorância. Tudo que impede o livre raciocínio do homem é um modo de escravidão.

Quanto aos judeus, gostaria que abandonassem a dureza de seus corações. Um povo que se fecha em si mesmo perde a noção do mundo que o cerca. Sei que muitos males foram praticados contra essa gente e que o passado é difícil de ser apagado, mas para caminhar ao futuro deve-se abandonar os fardos indesejáveis. É bem verdade a palavra do profeta Isaías que disse: "ouvireis e não entendereis, olhareis e não enxergareis. Porque o espírito deste povo se tornou insensível. Eles taparam os ouvidos, fecharam os olhos, de modo que não podem ver, ouvir com os ouvidos, compreender com a mente, nem se podem voltar para mim e alcançar de mim a salvação".

Portanto, se esses dois povos confiarem verdadeiramente em Deus, garanto que Ele lhes dará as respostas para saírem da situação em que se encontram. Que cada um examine a si mesmo e não tenha vergonha de mudar para melhor.

E o Ocidente? Triste exemplo de corrupção e deterioração da sociedade. É esse o modelo que tentam implantar no Oriente Médio? Como esperar aceitação desses povos se não temos nada de melhor para oferecer? A guerra é produto da ignorância e da falta de diálogo.

QUEM TEM OUVIDOS QUE OUÇA

Luz para enxergar a verdade, coragem para demonstrá-la, força para realizar suas obras e entendimento para distinguir a hora certa de vivê-la. Tenho uma dívida adquirida com Deus e devo pagá-la não por obrigação, mas sim por devotamento. Quem quiser escutar que escute.

Homens do mundo! Prestai atenção:

Nada vos pertence a não ser vós mesmos. O próprio corpo que julgais vosso será consumido pelo tempo. Só seu espírito é realmente seu e quem de vós perdê-lo, perderá tudo que possui. Nosso pensamento é a única herança verdadeira para as gerações futuras. Portanto, que cada um contribua com uma frase para a edificação da humanidade. O alimento é necessário ao corpo, assim como a palavra é necessária à alma. Cantemos e nos alegremos pela dádiva de estarmos vivos.

És pobre? "Sim, sou pobre, mas tenho riquezas em meu coração!" És rico? "Sim, mas o vazio de minha vida perturba-me o sono." Quem é pobre e quem é rico? Só Deus sabe. Rico é quem ama desinteressadamente. Quem não tem amor para dar é miserável!

ESTRELAS

O homem veio ao mundo e deve brilhar como uma estrela. Sua luz deve manifestar-se em todas as coisas em que depositar o seu engenho. Seus talentos correspondem ao engrandecimento da humanidade. Seja qual for sua área de ação, deve expandir-se e aprimorar-se ao máximo em sua capacidade. É preciso trabalho e dedicação em tudo que empreendemos. Cada um recebe de Deus qualidades particulares e tendências em determinadas matérias que constituem a sociedade e a mantêm em harmonia e crescimento.

Desenvolver nossas qualidades corresponde ao direito de possuir novas perspectivas, ganhando novos talentos. A cada passo dado no cumprimento de nossos deveres, nos aperfeiçoamos e melhoramos, tornando-nos mais aptos aos trabalhos empreendidos.

Vejo o entusiasmo como peça fundamental no desenvolvimento humano. Acreditar no futuro e arriscar-se em novas metas para que nossas vidas caminhem em direção ao crescimento pessoal. Movimento produz acontecimentos. A inércia nos conduz ao empobrecimento da alma. O progresso é fruto da dedicação e a paciência é responsável por bons resultados. Tudo tem seu tempo e sua hora. O que hoje é derrota, amanhã será vitória.

Para termos o direito de falar, é necessário merecimento por nossas obras. Um homem que nada faz, não tem o direito de se manifestar. Sua palavra é morta e seu pensamento é infecundo. Vida é movimento. A morte é estática e improdutiva.

A lenda dos zumbis é verdadeira se olharmos para determinadas vidas ao nosso redor. Pessoas que nada fazem além de comer, beber e dormir, deixando que as traças se instalem em seus corações e em suas mentes. Para tais pessoas, a beleza passa despercebida, a sutileza dos pensamentos bem elaborados é como uma nuvem negra que nada significa. Falar-lhes é o mesmo que gritar a uma porta. Tentar acordá-los do sono é o mesmo que bater em uma tumba.

O homem à procura de desenvolvimento não deve se ater a tais pessoas. Deve procurar amigos que tenham os mesmos ideais e as mesmas inclinações. Se não for possível formar um grupo de bons amigos, é preferível ficar sozinho. Um mau amigo é como uma algema que nos prende ao passado. Dialogar com um tolo é jogar palavras ao vento. "A burrice é invencível" (frase de Rominski) e não devemos empreender batalhas contra ela. Cristo disse: "não deis aos cães o que é santo e não jogueis vossas pérolas aos porcos". São palavras do Mestre e estão cheias de sabedoria.

O BOM CAMINHO

Quer seguir um bom caminho? Comece pelas pequenas coisas. Nunca prometa nada que não possa cumprir, procure objetivos fáceis de serem realizados e que não vão além de seus limites. Deus não se importa com quantidade, mas sim com qualidade. O exemplo é a esmola da viúva pobre que possuía somente duas moedinhas para ofertar no altar, enquanto os ricos davam daquilo que lhes sobrava. Deus não se importa com o tamanho da vela oferecida, o que importa é a fé daquele que ofereceu a vela. Uma vela sem fé é apenas uma luz que alumia a casa, enquanto a fé que acende a vela é o brilho que Deus quer ver.

Vida é movimento, reflexão, renovação, aprendizado, é atualizar-se e não deixar o tempo agir sobre o corpo. Envelhecer é um processo natural da vida. Quem não aceita a realidade de sua condição, mente a si mesmo. Viver é aceitar o que a vida nos oferece. Por isso, não devemos nos prender ao que é passageiro, e sim ao que é eterno. O espírito leva tudo que acumulou em sua jornada pela vida. Sendo assim, é importante não deixarmos de aprender, pois cada dia é uma dádiva que Deus nos dá para aprendizado da alma.

Quando um homem se afasta de Deus por um tempo muito prolongado, acaba se esquecendo do quanto é bom estar em estado de graça. Ao recuperar essa graça por merecimento de Cristo, encontra ele a paz e o caminho da felicidade.

Só porque alguém pratica o mal, não significa que devamos praticar também. Querer a perfeição é uma virtude. Exigi-la dos outros é egoísmo. Mas o que é o mal afinal? É a privação de um determinado bem. Aquilo que nos afasta de Deus, que é o bem absoluto. É igualmente privar alguém do bem, impedir seu progresso em direção à bondade.

Cristo disse: "Eu sou o caminho, a verdade e a vida. Aquele que me segue não andará nas trevas, pois terá a luz da vida". Onde podemos encontrar Cristo nos dias de hoje? Na Hóstia Consagrada!

"Este é meu corpo que será dado por vós..." Portanto, todo aquele que impede os seres de se aproximarem do Corpo de Cristo está privando muitos de se aproximarem do bem. O Corpo de Cristo é o remédio e a cura para todas as enfermidades do homem.

AUTORIDADE

"Ele falava com autoridade e não como os mestres da lei." É pelo modo de falar que reconhecemos quem diz a verdade e quem somente profere palavras ao vento. Aquele que entende, fala sobre o que sabe. A profundidade de suas palavras mostra de onde vem a sua sapiência. O conhecimento produz liberdade. O caminho que conduz à sabedoria é longo e quem despreza esse caminho se priva de conhecer o bem. De que adianta uma vida vazia e sem frutos? "Aproximai-vos de Deus e Ele se aproximará de vós." Mesmo que seja preciso sacrificar-se, é melhor servir a Deus do que aos homens. Quem assim procede, não ficará sem recompensa. A obra do espírito é eterna.

Enquanto escrevo, procuro dar o melhor que existe em mim. Sou um homem cheio de fraquezas e reconheço meus pecados. Contudo, mesmo em minhas fraquezas, Deus me fortalece.

Conhecer-se é o primeiro passo para evoluir. A personalidade não deve ser estática, mas sim volátil. Deve expandir-se e florescer para que a vida tenha significado. Por isso, não devemos fechar nossos corações e nossas mentes, estando sempre abertos a novas possibilidades. Esse processo é lento e demorado, mas concretamente é o mais seguro. Assim como cada flor tem seu cheiro, cada homem tem sua essência. Nossa essência não pode ser mudada, mas nossa personalidade sim. Se nascermos na corrupção, devemos sair da corrupção. Por que continuar no erro? Romper os laços que nos prendem ao passado não desejado. Vida nova! Cada dia é um dia novo. Se um hábito me desagrada, da mesma maneira como adquiri esse hábito, devo deixá-lo. Diligência e boa vontade são as verdadeiras potências da alma.

CUIDE DE SUA MENTE

Assim como um músculo que atrofia por falta de uso, também é a mente. Para termos uma mente sadia, devemos mantê-la ativa. É aconselhável o hábito da leitura, a prática de esportes e a diminuição das tensões provocadas pela vida moderna. Extirpar os vícios também é importante. Moderação e bom senso trazem benefícios para a preservação da mente, ou seja, saber dosar os momentos de lazer e divertimento. Liberdade não significa abuso. O correto é não ter vício algum, mas a realidade humana nos mostra que a maioria das pessoas possui pelo menos um vício. Se não for possível abandoná-los, ao menos não se deixar dominar por eles.

A alegria também preserva a mente do envelhecimento precoce e podemos afirmar que a falta de alegria é sintoma de que algo não está bem. A alegria é o alimento da alma. Pratique o sorriso. Tenha simpatia e carisma para com todos.

Meu amigo, se você não se cuidar, quem realizará esse trabalho que só a ti compete? Não adianta reclamar depois. O homem é resultado de seus atos e ninguém afronta a natureza impunemente. Se você pode viver sem drogas, por que usá-las? Não está aí a perda de tua liberdade?

Meu conselho aos jovens é que se afastem das drogas. A vida sem elas é melhor. E, por falar em drogas, existe uma extremamente nociva ao corpo e à mente: a televisão. Ao corpo, porque induz o telespectador à inércia, produzindo posteriormente obesidade e atrofia muscular. À mente, por conter linguagem subliminar e hipnótica, diminuindo com o passar dos anos a capacidade atencional e a criatividade. Além disso, a programação de certos canais de TV é deprimente e sem conteúdo. Quero lembrar uma frase de Grouxo Marx que dizia: "a televisão para mim é extremamente educativa. Toda vez que alguém liga uma, eu me retiro ao meu quarto e leio um livro!". Ao invés de assistir televisão, por que não passar o tempo em uma atividade produtiva? Para mim, televisão é fábrica de energúmenos. Aliena nossos jovens, ridiculariza o ser humano com seus programas de auditório, transmite violência sem fundamento e só se preocupa com o consumismo. São os idiotas sem caráter que só pensam em ganhar dinheiro. Democracia? Besteira! Confusão de ideologias que são mais opiniões pessoais do que conhecimento com fundamento na verdade.

    Como pode um povo amadurecer se encontra barreiras que o mantém preso no mais baixo nível cultural? Poderemos ver nossa nação soberana quando compreendermos que verdadeira cultura produz verdadeiros cidadãos. Por que continuar importando filmes da mais baixa qualidade que pregam a vingança, o ódio e o adultério? São sempre as mesmas histórias: carros explodindo, o mocinho sempre com a arma na mão, uma juventude desmiolada e rebelde, músicas horríveis com letras medíocres e sem melodia. Será que não existe um padrão de qualidade? Sou contra censura, mas creio que, se houver um pouco mais de critério para avaliar a programação televisiva, todos sairão ganhando.

    A televisão veio para ficar e, já que teremos que viver com ela o resto de nossas vidas, por que não torná-la útil aos seres humanos?

E A BUSCA CONTINUA...

Diógenes (o cínico, 404 a.C.), filósofo grego que se vestia de trapos e morava dentro de um barril, andava com uma lamparina acesa e, quando lhe perguntavam o porquê, ele respondia: "Estou à procura de um homem verdadeiro!". Segundo ele, a virtude é o soberano bem. As riquezas e as honras são falsos bens que devemos desprezar. Alexandre o Grande lhe perguntou se queria alguma coisa e ele respondeu: "Quero apenas a luz do sol. Afasta-te!!".

Quero uma lanterna para procurar homens de verdade! Entusiasmo, caridade, fé, esperança e amor são os requisitos esperados. "A messe é grande, mas são poucos os operários." Quem quer trabalhar nas vinhas do Senhor? Nem sempre aquele que trabalha é o que colhe. Os frutos podem ser colhidos pelas gerações futuras. Se ao final de nossas vidas olharmos para trás e vermos que fizemos um bom trabalho, teremos nossa recompensa. "Procurai primeiramente o Reino de Deus e o resto vos será dado por acréscimo".

Sem sacrifícios não se consegue chegar a lugar algum. Quando Cristo estava no deserto, o demônio veio e lhe mostrou todas as riquezas do mundo e lhe disse: "tudo vos darei se me adorardes, pois que todas estas coisas me pertencem...". Tudo é permitido ao homem, mas nem tudo lhe convém. Os verdadeiros tesouros são as virtudes acumuladas e estas só se conseguem por merecimento. Virtude é o hábito que nos facilita a prática do bem.

De onde vêm os males que afligem os homens? Não vêm dos maus desejos que habitam em seus corações? Os vícios capitais, assim chamados porque são a origem e fonte de todos os pecados, são sete: soberba, avareza, luxúria, ira, gula, inveja e preguiça.

Esses vícios se vencem com as virtudes que lhes são contrárias: a soberba com a humildade; a avareza com a liberalidade; a luxúria com a castidade; a ira com a paciência; a gula com a abstinência; a inveja com a caridade; a preguiça com a diligência.

A saúde do corpo muitas vezes é resultado de uma vida mal dirigida. Combatendo os vícios, se obtém o que os gregos chamavam de *"mens sana in corpore sano"*. Mente sã, corpo são.

Mudanças de atitudes geralmente demoram a ocorrer. Por isso, não se deve esperar que da noite para o dia as coisas mudem. O importante é abrir nossas mentes para que as mudanças ocorram. Deixar os corações abertos, acreditar que é possível superar os obstáculos. Dessa maneira, caminharemos em direção da nossa liberdade.

No mundo, encontraremos toda espécie de pessoas. Há os que se preocupam em desenvolver o caráter e há os que nada fazem para isso. São os vigilantes e os distraídos. Os vigilantes estão atentos ao mundo que os cerca e sabem tirar proveito das situações que lhes são adversas. Os distraídos têm uma percepção curta e não compreendem os motivos que os levam ao erro. A cura da mente é mais importante do que a cura do corpo. De que adiante ter um corpo são, se nossa mente está enferma? Portanto, primeiramente buscai a Deus e a Nosso Senhor Jesus Cristo, que iluminará vossas consciências, dando-lhes um entendimento correto e sem mancha.

FORMAÇÃO DE VALORES

Durante a vida, podemos dar maior ou menor valor a determinadas coisas. Essa capacidade é particular a cada pessoa e todos têm escalas diferentes de valores que regem sua existência. Para os materialistas, o que importa é a matéria. Aos artistas, a concepção do belo (estética). Aos esportistas, a força e a agilidade. Aos religiosos, o santo e o profano. Aos filósofos, a verdade e a falsidade. Podemos afirmar dessa maneira que os valores estão mais nos olhos de quem vê do que propriamente no objeto em si. Valorizar um objeto ou uma ideia, nesse caso, depende muito da formação psíquica de cada um. Para uma criança, a barra de chocolate é mais valiosa do que a pedra de diamante. Os valores mudam conforme a vida passa. Para um doente, a saúde é algo preciosíssimo. Desse modo, o processo de valoração depende das circunstâncias pessoais de cada um. Contudo, existem valores eternos e valores passageiros. A sede tem valor até tomarmos o primeiro copo de água. Já um momento de felicidade é eterno. Por quê? Porque esse momento fica registrado em nossa memória e jamais o esquecemos. Sendo assim, tem valor eterno aquilo que não pode ser apagado com o passar dos anos. São valores eternos: o amor, a justiça, a fé, a amizade verdadeira e tudo quanto for nobre ao espírito humano. Temos, assim, valores temporais e atemporais.

Quando uma sociedade evolui, seus valores temporais mudam. Por isso, é indispensável saber distinguir os valores momentâneos dos que permanecem para sempre. O amor sempre será igual. Tanto para um casal que viveu há dez mil anos quanto para os namorados do tempo presente. Quem deposita sua confiança naquilo que passa, terá frustrações. Portanto, peço ao amigo leitor que procure dar valor ao que é eterno. Procedendo assim, as ilusões desaparecerão e a felicidade entrará em sua casa.

A GRAÇA

"O Reino dos céus é, na verdade, comparável a um proprietário que saiu logo de manhã cedo para contratar trabalhadores para sua vinha. Depois que combinou a quantia de uma diária com os trabalhadores, ele os mandou para sua vinha. Saindo por volta das nove, viu outros, que estavam na praça desocupados. Falou-lhes: 'Ide também vós para minha vinha e vos darei o que for justo'. E eles foram. Saiu ainda por volta das doze e das três da tarde, e fez a mesma coisa. Ao sair por volta das cinco da tarde, encontrou ainda outros que lá estavam e lhes disse: 'Por que ficais aqui o dia inteiro sem trabalhar?' Responderam-lhe: Porque ninguém nos contratou!' Ele lhes disse: 'Ide também vós para minha vinha.'

Quando chegou a tarde o proprietário da vinha disse ao seu administrador: 'Chama os trabalhadores e paga-lhes a quantia combinada para a diária, começando dos últimos e acabando nos primeiros'. Então chegaram os que tinham ido pelas cinco, e recebeu cada qual a quantia de uma diária inteira. Quando chegaram os primeiros, eles pensaram que iriam receber mais. No entanto, também receberam só a quantia combinada. Recebendo-a, criticavam o proprietário. E diziam: 'Estes últimos só trabalharam uma hora e os igualastes a nós que suportamos o cansaço de um dia inteiro de trabalho debaixo de um sol quente'. Mas o proprietário disse a um deles: 'Meu amigo, não te faço injustiça. Não é verdade que combinaste comigo receber só a quantia de uma diária? Toma a tua quantia e vai embora. Mas quero dar a estes últimos tanto quanto a ti. Acaso não posso fazer o que quero com as minhas coisas? Ou estás com inveja, porque eu fui bom para com eles?' Assim, os últimos serão os primeiros e, os primeiros serão os últimos."

Essa história reflete bem a vontade de Deus. Ele dá a graça a quem quiser, não importando o tempo de serviço realizado. O que importa é pôr-se a trabalhar. A bondade de Deus é igual tanto para os primeiros quanto para os últimos. De celerados, Deus faz santos. De pecadores, mártires de sua Igreja. O mistério da bondade de Deus é muito mais profundo que a compreensão dos homens. Para recebê-la, basta pôr-se em serviço.

O que você está esperando?

OS DONS DO ESPÍRITO SANTO

Texto retirado da tradição da Igreja.

1. Vinde, ó divino Espírito, e com o Dom da **sabedoria** dissipai as espessas trevas em que nos envolvemos por nossas faltas e desordenadas paixões.

2. Vinde, ó divino Espírito, e com o Dom do **entendimento** dai-nos graças para conhecermos a vaidade dos bens caducos desta terra, e a infinita preciosidade dos bens celestiais, para que, desprezando aqueles, vivamos só para estes.

3. Vinde, ó divino Espírito, e com o Dom do **conselho** dai-nos a graça, nos transes difíceis da vida, de sempre seguirmos o que for mais do agrado de Deus.

4. Vinde, ó divino Espírito, e com o Dom da **fortaleza** robustecei nosso coração, para que nunca, por humanos respeitos, deixemos de falar e viver conforme as verdades de nossa santa religião.

5. Vinde, ó divino Espírito, e com o Dom da **ciência** dai-nos a graça de vos conhecer sempre mais profundamente, para mais ardentemente vos amar.

6. Vinde, ó divino Espírito, e com o Dom da **piedade**, dai-nos fervor para cumprir com prontidão os nossos deveres de religião.

7. Vinde, ó divino Espírito, e com o Dom do santo **temor de Deus**, dai-nos um sincero arrependimento de nossas faltas, para afastarmo-nos sempre de todo mal.

Gostaria de fazer uma breve explanação sobre esse antigo texto.

Hoje em dia, com a abundância de neopaganismo em nosso país, até parece loucura falar em pecado. Mas o que é pecado, afinal? Pecado é uma desobediência voluntária à lei de Deus. O pecado tira o merecimento das boas obras, privando o homem da graça e da amizade de Deus. Pode-se pecar de quatro maneiras: por pensamentos, palavras, atos e omissões. As trevas significam ausência de luz, incapacidade de avaliar os fatos e ver com clareza interiormente e exteriormente. E, por isso, a **sabedoria** é necessária.

"Daí a César o que é de César, e a Deus o que é de Deus". O **entendimento** é necessário para distinguir entre as coisas materiais e espirituais.

O **conselho** é saber ver nas dificuldades um momento de reflexão e aprendizado. Se alguém passa por momentos difíceis, procurar uma boa palavra para que essa pessoa se levante e siga adiante. Ânimo, força e coragem, pois o que hoje é tristeza, amanhã pode ser felicidade.

Combater falsas acusações e defender o que é certo. Que Deus nos dê sempre o espírito de **fortaleza** para defendermos os princípios de nossa fé. Omitir-se diante de calúnias e difamações é permitir que a maldade impere.

Fé e **ciência** devem sempre andar juntas, para que se evitem crendices e superstições. Quem compreende os mistérios da criação, compreende a Deus, que é o autor e criador de todas as coisas.

Compaixão e sensibilidade diante das angústias dos seres humanos. Se ficarmos indiferentes aos sofrimentos de nossos semelhantes, não teremos merecimento diante de Deus. **Piedade** é cumprir os deveres de nossa consciência. Auxiliar ao próximo, sem esperar nada em troca. Quem é piedoso, pratica as obras de misericórdia, que são quatorze: dar de comer a quem tem fome, dar de beber a quem tem sede, vestir os nus, dar pousada aos peregrinos, visitar os enfermos e encarcerados, remir os cativos e enterrar os mortos (obras corporais). Dar bom conselho, ensinar os ignorantes, admoestar os que erram, consolar os aflitos, perdoar as injúrias, sofrer com paciência as fraquezas do próximo e rogar a Deus pelos vivos e defuntos (obras espirituais).

Temor de Deus é a firme vontade de não ofendê-lo. É estar em prontidão e saber escolher entre o que é bom para nosso desenvolvimento e o que tolhe nossa liberdade.

Todos devem pedir a Deus para que esses dons desçam sobre a humanidade. Teríamos dessa maneira uma sociedade mais equilibrada.

ASSUNTOS DIVERSOS

Ecologia.
Se o homem continuar destruindo a natureza, acabará por destruir a si mesmo. É por isso que devemos, desde já, ter um projeto de reflorestamento bem constituído. Preservar as nascentes, as matas ciliares e as florestas naturais deve ser obrigação de todo cidadão de bem. Deveríamos ter programas que dessem incentivos à população, para produzir mudas nativas, averiguando quais os locais mais adequados para se plantar essas mudas. Os grandes agricultores que devastaram enormes áreas devem pagar pelas áreas de preservação ambiental. Isso é necessário para que, no futuro, tenham de onde retirar a água para irrigar suas lavouras. As madeireiras devem reflorestar o dobro do que destruíram. Caso contrário, perderão o direito de exploração da madeira. O governo tem a obrigação de fiscalizar e organizar esse projeto. Agindo dessa maneira, em breve teremos recuperado uma grande parte de nossas florestas, deixando para as gerações futuras um legado de inestimável valor.

Outra questão importante é saber que madeira é energia. No futuro, quem tiver fontes de energia alternativa será independente como nação. Em breve, as fontes de petróleo irão se esgotar. Por isso, é bom prepararmo-nos o quanto antes para as mudanças que irão acontecer.

A indústria automobilística deve produzir veículos não poluentes. Os automóveis estão destruindo o mundo. Ou muda-se o combustível, ou iremos todos para o buraco. Até hoje não consigo entender por que tanta pressa para se chegar a algum lugar. Existem duas pressas que o homem não deve ter: a pressa de ir e a pressa de voltar.

O Brasil é tão lindo. Por que entrar na neurose do mundo? Nosso povo sempre foi alegre, festeiro e boa-praça. Não nos deixemos contaminar pela pressa do mundo. A natureza que Deus nos deu é suficiente para sermos felizes. Voltemos a ser crianças, pois a pressa é sintoma de escravidão. "Liberdade! Liberdade! Abre as asas sobre nós! Das lutas nas tempestades. Dá que ouçamos tua voz".

Psicologia: fluxo e refluxo.

O estado de fluxo corresponde a estar de bem com a vida, sentir positividades interiores, caminhar tranquilo e deixar que a vida siga espontaneamente seu destino. Refluxo é justamente o contrário. Saber distinguir entre esses dois estados psíquicos significa maior possibilidade para compreender qual é o modo correto de agir. Se estivermos em fluxo, aproveitemos o momento. Se estivermos em refluxo, não convém lutarmos contra isso. Basta se colocar em vigilância e esperar que a fase passe. O estado de refluxo exige descanso e reflexão. Não lutar contra os pensamentos. Deixar que eles venham e que passem como as nuvens do céu. Quando saímos da negatividade para a aceitação da negatividade, passamos da dormência à lucidez. A afetividade não deve ser passiva, e sim ativa.

Ninguém sabe o que se passa no interior do homem, a não ser o próprio homem. Uma boa formação é decorrência de educação adquirida. Existem mecanismos mentais que se repetem (reflexos condicionados), dependendo das circunstâncias. Liberdade, nesse caso, significa eliminar os reflexos condicionados que não queremos, substituindo-os por reflexos conscientes. O homem deve caminhar em direção ao seu bem, e o bem é aquilo que o homem deseja.

Deixemos em Deus nossas esperanças. Que o vento leve nosso barco ao porto. No percurso pode haver tempestades, mas depois da tempestade vem a bonança. Confiantes, conquistaremos nossos objetivos.

Sigamos em frente.

Jubileu.

Júbilo é uma grande alegria, contentamento, felicidade. Jubileu vem do hebraico *yobel* = carneiro, pelo latim *jubilaeus*. É um ano de privilégio, que se celebra a cada cinquenta anos, marcado pela igualdade social. Entre os católicos, é um ano santo celebrado a cada vinte e cinco anos, quando os peregrinos de Roma recebem a Indulgência Plenária. Ser indulgente é ter facilidade em perdoar os erros dos outros. O júbilo nasce da consciência que se tem de estar perdoado, e também do perdão que é oferecido. É uma troca recíproca. Seria bom se estivéssemos em júbilo todos os dias, e não somente a cada vinte e cinco ou cinquenta anos. Estar em júbilo seria a condição natural do homem se houvesse boa vontade e aceitação do perdão. Porém, nem todos querem dar o perdão e nem todos querem receber o perdão. Os corações fechados se privam da felicidade. Deixemos a teimosia de lado para que o júbilo entre em nossas vidas. Não seria bom se assim ocorresse?

O SAL DA TERRA

A vida é feita de escolhas. Muitas vezes erramos e muitas vezes acertamos. O que vale, no entanto, é fazer as escolhas. Se quisermos o bem, isso é o que importa. Não é bom desperdiçar um Dom, um ato ou pensamento, por medo e vergonha. A experiência se adquire com perseverança e a criança que não cai, não aprende a andar. Devemos acreditar na potencialidade do homem. A capacidade para aprender é inata ao ser humano e, a cada dia que passa, a vida se oferece sempre com novas possibilidades. Não tenhamos medo, deixemos que nossos destinos se cumpram. Porém, sejamos participantes ativos do destino, e não somente espectadores passivos. Como já foi dito, vida é movimento. O Paraíso existe, podem ter certeza. É ele que devemos almejar.

Gostaria que minhas palavras alcançassem a todos os corações humanos, sem distinção de classe, cor ou credo. Esta é a maior vontade de um escritor: saber que se plantou uma boa semente.

Sempre tive a pretensão de mudar o mundo. Ora, se meus olhos veem a desigualdade, a injustiça, a falsidade ou coisas do gênero, não cabe a mim a responsabilidade de denunciar e tentar achar as respostas referentes a essas questões? Cristo disse: "Vós sois o sal da terra! Se o sal perder sua força, para nada mais ficará servindo. A não ser, para ser jogado fora e pisado pelos homens". Mas para quem Cristo dirigiu essas palavras? Para todos nós! Você que está lendo meu livro. Você é o sal de Cristo! Nós não podemos deixar de ser sal e nem nos conformar com o conformismo.

Não existe dinheiro que possa comprar a liberdade de querer o melhor, para meu país e para a humanidade. Esses sonhos trago comigo desde a adolescência. Muitos também sentem essas mesmas aspirações. Só que, com o passar dos anos, deixaram suas almas esfriarem pela maldade do mundo. A vida é dura e são poucos os que não perdem o brilho que trazem nos olhos. Meu trabalho é reerguer os que caíram. Dar forças aos que se esgotaram e aliviar os que sentem dor. O ser humano é algo que me interessa. Sempre é possível recuperar-se dos maus momentos. Por isso, digo aos meus amigos que tenham fé e não percam as esperanças. Deus estará sempre conosco. Essa é uma promessa que ele nunca deixará de cumprir.

Acreditem nisso.

CONTINUIDADE

O Ser sempre está em constante transformação. Tanto na área biológica quanto na psicológica, a natureza trabalha em silêncio. As células de nosso organismo se renovam a cada sete anos. Isso significa que a cada sete anos, aproximadamente, todas as nossas células foram substituídas por outras e nem nos demos conta disso. É um processo natural. Na área psicológica, o acúmulo de experiências e informações de cada dia faz-nos progredir e seguir o caminho do autoconhecimento, comum a todo ser humano. No templo de Delfos, lia-se a seguinte inscrição: "conhece-te a ti mesmo". Conhecer a si mesmo é conhecer o universo. Por isso, afirmo que todo homem tem a capacidade de progredir e ser feliz, bastando apenas acompanhar o que a vida lhe oferece.

Carrego comigo o princípio de corrigir o que não seja de meu agrado. Quem sabe um dia possa alcançar a perfeição, ou pelo menos aproximar-me dela. Se minha obra ficar incompleta, gostaria que outros continuassem de onde parei. Não como obrigação, mas sim como ato livre e espontâneo que nasce do desejo sincero de descobrir novos conhecimentos. É o regozijo dos que querem ser úteis e prestativos para serviço da humanidade.

Provavelmente, num futuro bem próximo, possamos ver uma sociedade mais justa e fraterna que corresponda ao Evangelho de Cristo.

Toda forma de violência nasce da ausência de Deus. Ora, se Deus é amor, a violência só pode imperar onde o amor está em falta. Estão errados os que afirmam que tudo é da vontade de Deus e que nada acontece sem Sua permissão. Deus não quer o mal dos homens. É sua ausência nos corações humanos que produz o erro e os atos maldirecionados que resultam em violência.

Mas como pode o homem caminhar em direção à paz? Um dos meios mais rápidos é seguir as pegadas dos que se entregaram e deram suas vidas por amor ao próximo. São os verdadeiros heróis e não se escondem atrás de máscaras. Suas obras dão testemunho da fé que os animava. Porém, esse tipo de entrega é reservado a poucos. Cristo, ao oferecer seu corpo e sangue em benefício de muitos, mostrou-nos um exemplo de doação e de amor infinito.

O pobre necessita de justiça e caridade. De justiça por parte das autoridades e governantes e de caridade por parte de seus irmãos, que têm melhores condições para ajudá-los.

Ficar alheio é permitir que as coisas fiquem como estão. Sejamos praticantes da verdade, e não apenas ouvintes. Dessa maneira, estaremos contribuindo para que o amanhã seja melhor que o hoje e o ontem.

GRÃO DE AREIA

Anchieta escrevia seus versos...
Moldava seus pensamentos na areia.
Quem os leria?
Somente o senhor das ondas, o dono do mar,
É quem iria, com suas ondas, aos versos apagar.
Assim é o homem durante a vida.
O homem é um verso que logo se apaga.
O homem é um sopro divino que logo se desvanece...
O homem é como um verso escrito na areia...
Alguns são belos e majestosos em sua forma,
Outros são pobres, mas cheios de espiritualidade.
Traduzem beleza, simplicidade e devoção,
Cada qual com sua virtude e singularidade.
Expressão dada por seu criador,
Que é o único artífice de todas as obras.
Fez os versos e fez também as ondas,
Para dar ponto final à sua obra.
O mar não sabe ler...

Fim da primeira parte.

PARTE II

A singularidade é extraordinária. Cada ser humano tem uma peculiaridade que lhe é própria e podemos afirmar com certeza que não existem pessoas iguais neste mundo. Pode haver semelhanças entre os indivíduos, mas na essência somos todos diferentes. É por esse motivo que cada um possui o seu valor existencial e, sendo assim, contribui à gênese humana.

Esta obra é dedicada a um homem que teve grande influência em minha vida. Trata-se de uma pessoa singular que se diferencia das outras por sua genialidade. Acho válido relatar alguns de seus pensamentos, para que o amigo leitor possa averiguar se estou certo ou não em apresentar esta personalidade única e extraordinária. Considero justo que toda pessoa de bem tenha sua memória preservada e espero que a partir deste livro consiga despertar em todos o valor da alma humana.

Compreender o próximo é compreender a si mesmo. Quando abandonamos nossa individualidade e nos aproximamos de nossos semelhantes, somos capazes de amar. Façamos a ponte que nos leva a um bom convívio com os homens. Por mais difícil que pareça transpor as barreiras pessoais, amemo-nos uns aos outros como Cristo nos ensinou. Se esse amor existir, será fácil a compreensão entre os seres humanos e a vida ganhará em significado e beleza.

CARLOS GUARISE

O DIÁRIO DE ROMINSKI

Descendente de poloneses, Alcídio Romeu Staroy nasceu em Curitiba no dia 15 de fevereiro de 1952. Estudou engenharia civil na Universidade Federal do Paraná e morou no bairro de Santa Cândida a maior parte de sua vida. Carinhosamente chamado de "Rominski", recebeu esse apelido por ser comparável ao poeta curitibano Paulo Leminski.

Não foi por menos que recebeu essa comparação. O grande número de poemas e textos que traduzem seu pensamento tem beleza e criatividade de deixar qualquer leitor boquiaberto. Falar sobre a pessoa de Rominski é o mesmo que pintar um quadro de flores. Por mais perfeita que pareça a réplica, nunca será igual às flores originais, pois lhe faltam a fragrância e a maciez das pétalas. Portanto, a melhor definição que poderemos ter a respeito desse homem é a que ele mesmo pode nos dar.

Em uma visita que fiz à sua casa, fui presenteado com um de seus cadernos de anotações. Ao ler o manuscrito, fiquei impressionado com seu estilo irreverente e achei imprescindível mostrar ao público um pouco de suas ideias. Faltava-me a permissão para transcrever seu diário e, ao pedir-lhe autorização, recebi com prazer uma resposta afirmativa.

Pretendo ser fiel ao texto original, deixando que o autor do diário possa, por si só, conduzir o enredo desta obra. Quem aprecia e cultiva o gosto por uma boa leitura, terá a oportunidade de viajar por um universo único e realmente singular.

Vejamos como começa sua narrativa:

"Esse diário jamais saiu de minhas mãos, e todos desconfiavam dele (?).

Definição de nosso professor de literatura alguns anos atrás (o único que leu alguma coisa):

> "Você escreve maciçamente o verbo *entrar* na vida para valer, diretamente no nervo central aonde a gente tem que chegar um dia, ou nada faz sentido. A parte de dentro da vida é a alma que o Romeu buscou, encontrou e decifrou. Chegando-se ao centro, descobriu a maneira única de morar em si mesmo. (jamais imaginei que alguém conhecesse tanto de seu interior

como você). É aconselhável escrever mais sobre o teu funcionamento interno. Mostre a sua casa aos visitantes como bom anfitrião que és através desse diário".

E passaram-se anos sem eu ter revelado esse estudo.

Agora que completei a pesquisa, posso garantir a minha serena conclusão: a gente só sofre quando a alma está presa no isolamento do ego. Libertando-nos das trevas do medo de viver, vem a esperança, a luz que abrirá um bom caminho.

Convictos de alma e luz seguimos a única estrada sem abismos e surpresas imerecidas, a vida pronta e desfrutável que Deus nos deu. É isso.

O que você acha?

É uma paz necessária, não é?

Atitude máxima em que os espinhos no chão não alcançam mais a nossa bondade.

Só Deus permite tanta liberdade".

E assim começa o diário de Rominski. As páginas seguintes são comentários sobre assuntos diversos, que serão apresentados conforme a ordem estabelecida pelo autor.

O próximo tema é uma entrevista que fez a si mesmo.

"Entrevista"

Nome – Alcídio Romeu Staroy
Signo – Aquário
Religião – Católica
Regime político – Monarquia
Ator – Paulo Autran
Atriz – Bibi
Time – Flamengo
Músico – Artur Moreira Lima
Escritor – Augusto dos Anjos
Cômico – Mário Moreno (Cantinflas)
Estadista – J. K.

Heróis – Todos
Cinema – Casablanca
Cor – Amarelo
Jogo – Bocha
Mulher – Silvia de Falkenburg
País – França
Vilão – Bóris Carloff
Teatro – Nelson Rodrigues
TV – Desenho
Cidade – Curitiba
Tristeza – Pobreza
Alegria – Criança
Decepção – Solidão
Fraqueza – Burrice de falar demais aos tolos
Defeito – Indiferença
Virtude – Inteligência
Futuro – Preocupante
Passado – Nada
Plano – Viajar
Desejo – Encantar alguém
Medo – Da dor
Saudade – (?)
Ódio – Doença
Caráter – Bom
Morte – Passa
Fim? – Fim.

Certa vez, perguntei-lhe como conhecer as pessoas e ele respondeu-me:

> "Conheça as pessoas através de seu lixo. Quer saber como vive uma família dentro de casa? Basta olhar o lixo.

Aporcalhados? – Pessoas desleixadas.
Louça quebrada? – Gente agressiva.
Flores, brinquedos, remédios; reflexo do comportamento médio. É batata!"

Vejamos agora algumas de suas crônicas e pensamentos. Começaremos com os textos intitulados, deixando as frases soltas para o final da obra.

"Quebra-quebra"

Magnatas saem de suas mansões em grande passeata cívica, apedrejando os barracos dos arrogantes e preguiçosos trabalhadores exaustos, na tentativa de sensibilizar a classe operária pelo pouco lucro auferido em suas empresas, culpando a inatividade proletária pela situação de falência em que se encontram as fontes de enriquecimento (elites econômicas).

Chega de greve! Grita um milionário. Avante, proletariado, para suar a camisa nas cidades e nos campos! Pagaremos belíssimos salários mínimos e o Brasil produtivo sairá da pobreza craquenta em que se encontra.

Os bonzinhos, unidos, jamais serão vencidos!! Viva o Brasil!!!

E o bilionário, coitado, desarrumou o nó da gravata durante o protesto.

"Inconveniente"

Diria um amigo perplexo:

— Romeu, você muda de opinião assim como se troca de camisa!

— De alegria uso as brancas, de tristeza o luto das cambraias, mas o peito é sempre o mesmo.

Saí-me bem nessa... hein?!

Com o tempo pretendo conquistar uma bela mulher e viver só para ela. Abandonarei os amigos de farra e as opiniões pessoais.

"Minha culpa"

Eu nunca vou me perdoar por ter escrito esse pensamento, há muitos anos:

"A mulher deve se esforçar para ser atraente. As ordinárias pensam que são todas iguais, ou que os homens não se preocupam em discriminar as melhores...

Escolhemos friamente uma mulher mais interessante de outra menos interessante, sem o menor sentimentalismo. Depois é que vamos amá-las".

Observação: Quem pensa assim é um canastrão guerreando perigosamente contra a musa inspiradora.

Se arrependimento matasse...

"Pajelança"

Não existe misticismo investigativo, com o intuito de desenvolver esta faculdade.

O místico desdobrado volta à normalidade obscura dos que não têm o poder de adivinhar nem a chuva dos dias seguintes.

O visionário pressente o acontecimento antes de começar o espetáculo. Baixado o pano, volta aos amigos e conta como será o filme a que eles vão assistir.

Não é um truque. É a capacidade de transportar os sentidos para outra dimensão, burlando a aparente barreira do tempo.

O arqui-inimigo do tempo é o olho do visionário. O tempo em física é uma grandeza escalar, e não vetorial. Ele se sente inválido em seu domicílio quando o vidente "fareja" o que o tempo tenta esconder para não alarmar os convidados.

No futuro ainda não existe forma, corpo, ou matéria, enfim só imagens preparatórias, projeções do objeto considerado.

Ou seja: o objeto de hoje não é ainda o objeto de amanhã, mas será! De forma que daqui onde estamos pode se ver os caminhos mais próximos, não por dedução, mas devido à misteriosa capacidade que certas pessoas têm de atirar o bumerangue dos sentidos até algum lugar diferente daquele em que estamos e tocar as cordas de um violino que não se ouve, imperscrutável sonoridade. Quem tem ouvidos para ouvir, que ouça.

"Pessimismo surrealista"

1991 (década de noventa).

Nós éramos o futuro do Brasil das gerações de 50 e 60... 40, 30 e 20. Onde é que eles erraram?

Nunca se sofreu tanto neste país, fome, miséria e corrupção!

Os otimistas do passado se exibiam com o futuro garantido da nossa geração, culpa nossa? Ou um passado grotesco só pode resultar em um presente triste?

A lição que se tira:

"Não sei se a geração do ano 2000 vai herdar um país desenvolvido e rico. Nossa tarefa é arrumar os estragos do gigante adormecido. Quanto ao futuro, não temos o direito de nos exibir com ele, tudo indica que será tenebroso. Para nós tanto faz. Não alcançaremos mesmo". (Alguém tinha que ser pessimista nesse país e o Romeu, o primeiro voluntário).

"Vanguarda e audácia"

Estou caminhando por vastidões sub-humanas. Restingas perigosas.

Extravios abruptos das trilhas futuras onde a razão é encontrada mais adiante.

Fronteira do fim do mundo.

Encontros renegados; proscritos pensamentos que ninguém supõe existir.

Desbravo sozinho o extremo poente das relações humanas.

Renunciei à proteção das certezas fundamentais permitidas.

Arrisquei o meu bom senso para investigar os rumores de uma nova bíblia, pois desconfio que poucos estão levando a sério a gravidade dos tempos.

Não sei como vai ser esta viagem, mas estou me preparando alegremente. Aguardem.

Cristo está para chegar como foi prometido. Encontrará a humanidade enferma, arrasada pela falta de fé, ultrapassada nos conceitos que ela nunca devia ter esquecido, malograda na vida, encostada nas beiradas das trevas, afastada de Deus, honrada apenas pela volta de Cristo, amparador e misericordioso chefe da salvação gloriosa.

Terão guarida os justos, que vigilantes não se enganam com o momentâneo silêncio das trombetas.

Alívio completo teu e meu. Não perca a chance de começar hoje mesmo o grandioso encontro com Deus.

Eu estou tratando disso.

"Sonambulismo"

Os anjos estão em permanente conferência enquanto escrevo.

Arrumam meu quarto, vigiam o meu pressentimento, resolvem o que já foi escrito nas atas, aguardam com expectativa a aprovação do superior e liberam meu plano de voo, ou quando desaprovam, me acordam do sonho abrindo a janela do quarto, deixando entrar o sol da acordada manhã genesisdiana.

Quando despertar desse sono breve, anotarei no caderno.

Amanhã, prometo.

Boa noite.

"Fracasso"

Não sei o que acontece com os homens infelizes e fracassados.

Será que são liquidados por pelotão de fuzilamento celeste e jogados no fundo de uma cratera lunar?

Talvez perambulem pelos guetos sujos ou sirvam de lacaios aos mais espertos. Atividade que jamais chega ao conhecimento dos deuses terríveis justiceiros.

Todos passarão para outra vida. Mas, se existem Romeus sem alegria, como resgatá-los das ruínas e dos sofrimentos passados?

Em que ânimo e fé poderão se amparar para entrar numa nova jornada cheia de esplendor e glória quando acabam de sair de uma vida inútil e sem importância, vida que não agradou a ninguém?

Não tem cabimento o homem triste.

Por mais que se atirem covardemente dos edifícios, ou tenham suas faces sombrias, no fundo nunca agem com sinceridade. São sacrificados por algum deus do mal que arrebata suas vítimas contra a vontade delas.

Impossível imaginar um homem liquidado pelo destino. O homem foi feito à imagem e semelhança de Deus e admitir seu fracasso seria admitir o absurdo de que Deus também fracassou.

Portanto, se você topar com alguém desiludido ou vencido definitivamente, cuide-se!

Deve ser alguma criatura inimiga vinda do espaço em forma de gente humana. Um alienígena que talvez, ao natural, seja um monstro com a intenção única de destruir o reino maravilhoso que Deus nos deu.

"A imortalidade felicita os estreantes para toda vida"

Escrever.

No adormecer dos textos novinhos, caminhamos silenciosamente pelo mundo antológico da imaginação.

Pacientemente deixamos escrito nossa ausência, nossa saudade, nosso amor (escrever é um idílio gratuito), a trilha enfim que termina em nós com piquetes, balizas, sinalizações, campainhas, fincadas nos limites de nosso território pessoal do qual passamos a ser proprietários, unicamente para ter um lugar onde os outros possam sempre nos encontrar.

As palavras servem apenas de apoio logístico para acomodar as ideias. Sentimentos grudados em "explicações" fretadas para levar toda a minha mudança até seu entendimento final. É o meu endereço universal. Jamais morrerei e viverei, viverei, viverei...

"Somos todos irmãos"

Eu já emergi com pessoas que estavam no buraco e procuravam alguém que as ouvisse.

A arte de ouvir e analisar as pessoas segue um ritual de consagração da vida, desembrulhando problemas que para a vítima parecem desesperadores e para a gente, observando a distância, é possível equacionar.

Eu vejo por mim. Tenho muita dificuldade em resolver certos problemas, o que para os outros é fácil.

Aliás, quando alguém me pede um conselho, respondo que sou um amigo e amigo não dá conselho. Ele faz e interfere no problema diretamente.

Entre amigos não existe conselho. Existe ação.

Precisou, às ordens!

"Criatura viva és tu"

Era você que eu queria!

Sentirei orgulho de ser seu amigo um dia.

Quero vê-lo triunfar com bravura e glória!

Entre o povo estarei olhando, admirando cada ato de sua formidável batalha, anonimamente.

E cada vez que cairdes imprudente diante de um obstáculo esperarei nervoso para vê-lo levantar-se dos escombros, como uma flor indestrutível ao meu existir.

Impossível ignorar sua vitória. Confio em você, ilustre companheiro.

Creia em mim. Não tenho motivos para adulá-lo, pois nunca conviveria com pessoas fracassadas. Alguém lhe dirá isso!

Assinado: todos nós. Inimigos, amigos e estranhos em geral.

"Fica tudo como está"

Como todo pensador, cheguei ao inevitável encontro com o vazio.

Nada tem fim, nunca termina esta busca.

Já pensou? Ter que repensar os dias... não sou homem de começar de novo, é pura teimosia.

Agora que sei aonde todos vão chegar, seria incapaz de abrir mais uma porta na parede que jamais será usada, como tantas outras tentativas gananciosas.

Nascer de novo? Pergunto: "Como pode um homem velho retornar ao ventre de sua mãe?".

Qualquer coisa que eu soubesse, além de tudo que escrevi, eu contaria a você. Não procure em mim um monge misterioso, sou comandado pela sinceridade.

Estranho, sim, é o homem que se esconde, não aquele que se revela.

"Respeitável público!"

Não existe falta de oportunidade na vida. Apesar das pessoas talentosas serem raras e preciosas, a gente aplaude, admira e vai embora deixando o gênio entregue à própria sorte.

Se eu tivesse conhecido o Sinatra pessoalmente, talvez não movesse um dedo para ajudá-lo a ter reconhecida a sua arte publicamente.

A gente pensa que o artista não precisa de nenhum tributo ao seu talento e, assim, alguns, por mais que tentem, não conseguem sensibilizar a multidão, ficando sua obra disponível para uma outra vez, quem sabe.

Não somos ingratos, apenas não fazemos nenhum esforço para que os outros subam na vida às nossas custas. Tá?

"Hegemonia"

Comentário inevitável.
A Rússia hoje é uma democracia.
Com a certeza, no futuro será um país livre.
Os tiranos terão que usar de muita astúcia para escravizar aquele povo novamente. (vamos aguardar)
Se o povo for justo e honrado, não permitirá a escalada de nenhum déspota ao poder.
O povo sendo ambicioso e burro é meio caminho andado para o "chefe supremo" abolir a liberdade.
O povo alemão seria nazista hoje, se Hitler tivesse ganhado a guerra, podes imaginar. Ele não faria as barbaridades que fez sem exércitos e uma nação a participar de sua loucura.
Talvez a ignorância crônica das massas as torne vulneráveis aos engodos e prazeres de quem promete mundos e fundos à plebe.
Foi a malandragem do poder, sedução de conquista, que levou Esparta e Atenas à tolice de uma guerra permanente entre dois impérios que não tinham concorrente ameaçador.
Cada povo tem o governo que merece.

"Patologia"

O esquizofrênico se esconde no silêncio de seu pavoroso mundo. Tenta convencer os outros de que é normal, porém não chora nem ri, pois o extravasamento de emoções leva-o ao delírio não permitido aos mortais. O grande medo sexual e psicológico, que ele supõe condenável pelos outros, obriga-o a se afastar da coragem de viver em conjunto com a sociedade e isso vira doença.

Aliás, não existe uma forma psicológica de viver, o engenho cerebral é uma reta bem definida que não se mistura com a emoção.

Pintou emoção, muda-se a reta.

"*Vai se indo...*"

Ao andar pelas linhas deste papel, sinto-me um *lord* passeando pelos jardins de seu castelo.

Nunca fui brega de sentimentos, mundano talvez na sinceridade, um alcoviteiro a rondar o perfume insinuante das mulheres magras e cálidas.

E o pôr do sol... que infinito!

"*O homem e seus ancestrais*"

Patrimônio genético, inconsciente coletivo, memória extrassensorial e mais a soma de todos os problemas reais e imaginários. Neuroses, cigarros, cachorro, tudo isso existe apenas na sua cabeça e pode ser resolvido apenas com o poder da mente. (?)

Chute no saco!

Então vamos ao massacre!

"O mecanismo de autossugestão que alguns acham e juram ser o poder da mente (o parafuso que ninguém usa) é psicanálise de leigo. (horrível esse termo).

Manifestação grotesca de egocentrismo planejado.

Mesmo que não se use o total das forças mentais, a nossa frágil cabecinha vai funcionar livremente e esse é o maior poder.

Industrializar a mente treinando-a para ser um pássaro adestrado, sabido e obediente, pode até rastrear muitos problemas que a mente desconhecia ser capaz de resolver, mas essa técnica será compensada com o esmagamento das funções sensoriais, do instinto natural de sentir dor e prazer que são dominados e explorados direcionalmente, de maneira que não atrapalhem o funcionamento mecânico do cérebro.

O homem e sua racionalidade à lógica pura, sem o fogo dos instintos, é estático de movimento ou, a = 0, acreditar que a solução para qualquer problema está instalada na nossa cabecinha, assim como o problema.

Quer dizer: Eu estou certo, a bíblia é que está errada."

Nenhum problema será resolvido com o aumento usual do ego.

Comentário: O leitor pôde perceber o asco de Rominski com relação aos livros de autoajuda.

"Elefante branco"

Escrever: dádiva que incomoda mais do que vale. Todo esse alvoroço para formar uma opinião, disso e daquilo.

Mas se você já tem opinião, para que se preocupar com as minhas?

Restam-nos a geometria analítica e a onda gigante aguardada pelo surfista... a beleza e a arte chegaram a ser cogitadas, mas faltou verba para a execução do projeto.

Este diário prestou um relevante serviço ao engravidar as noites de insônia... mais nada.

Amanheceu chovendo e a mulher bonita não gostou da minha escolástica, ela queria um poema febril, admiração e paixão... não cheguei a fracassar, mas poderia ter sido arrebatador!

Paciência.

"Inauguração"

Os burros afirmam que o homem usa no máximo 15% de seu cérebro. Por isso são burros.

O homem usa 100% do seu cérebro, um circuito de cada vez.

Quando você chega em casa, não liga todas as lâmpadas existentes, acende apenas a da sala. A tendência do cérebro é gastar o menos possível de energia para criar uma imagem. Não é necessário percorrer o cérebro inteiro para se saber que 2+2=4.

Aliás, eu quero convidar você (o único que leu meu diário) para o dia da inauguração do meu cérebro.

Nada melhor do que começar com alegria, você deve ser...

"Quem tem medo do povão?"

Escritores e poetas sempre fizeram a vontade das multidões. Quem escreveu só para você e para mim?

Ordinários! Esse "cardume" literário segue o canto da auspiciosidade popular. Acreditam que, estando concordantes e de bem com o povo, o sucesso será garantido.

O alvo da crítica é o indivíduo, sua escola e o curador enrabichado no dengo popular cai de pau ou se sente indiferente ao livro dos profetas, só porque soa incompreensível, misterioso e acima dos modismos de época.

Elitista eu? Sou servo do bom gosto alheio. Curvo-me diante dos sábios. Faço questão de me arredar das turbas, estirpe ignara; capadócia maioria!

"Originalidade"

Quem escreve procura ser original, sendo dificílimo resistir à tentação de fugir da resistência lógica, o que nos beneficia com uma maneira independente de pensar. Por isso, façamos de conta que existe uma moral arbitrária e exclusiva entre nós, o que nos livrará das diferenças notacionais, idiomáticas e sentimentais que o mundo exige.

Confiemos um no outro, independentemente da lucidez dos outros homens.

"Agradavelmente fútil"

Todos os meus amigos de boteco e matemática possuem seus diários, todavia só dois são escritores.

Escrevo bem melhor que isso, é claro, mas aqui estou apenas me divertindo.

Quem poderá duvidar de um homem só porque ele não é poeta?

Além da competência natural do escritor de folhetins, ele tem que saber tudo da arte de escrever, e escrever para pessoas estranhas, sob encomenda, abusando até de um livro só porque uma pessoa já plantou uma árvore e teve um filho, é muita vaidade e petulância de quem, muitas vezes, não conhece patavina do que está publicando. Quem se atreve a escrever para você e te agradar?

Quem?

"Terapia"

Olá! Tudo bem aí?

Gosta de poesia?

Você já compôs algum poema?

Não adianta ler e declamar os alheios. Só os seus provam que há beleza em seu coração.

Eu exijo de todos os amigos alguns versos gostosos. Isso desencalha o sentimento guardado e solidifica o ser humano.

As pessoas mais sadias e cheias de vida que conheço escrevem regularmente.

É a melhor terapia contra medos, neuroses, doenças que levam à angústia, equívocos emocionais são corrigidos pelo hábito de escrever.

As loucuras aparecem no papel, mas a cabeça fica limpa. É original e bom.

"Essa carta é uma desforra!"

Uma vergonha para os sobreviventes, um lampião aceso na chuva, uma cachaça inventada sem álcool, é a conciliação com o salário mínimo do espírito, é o pânico dos defuntos apodrecidos, é a velha maneira de adular os endinheirados, é o precipício que serve de vazio ao voo dos pássaros, é a estrela monstruosa pernoitando seus tentáculos sedentos sobre a lua já seca da minguante, é o diabo pujante e infame espalhando injustiças entre os homens, é um rio que escapou da atmosfera terrestre e aos poucos vai secando todos os mares, é o nascer do sol um dia após a sua morte, um escuro só teu, o amanhã enfim absolvido.

"Precedente"

Não amar ninguém.
Ignorar absolutamente qualquer sentimento nosso ou de outrem.
Não amar para não necessitar ou interferir em nada.
Sozinho tentar viver um único instante de vida sem amor e, nesse instante de razão, estar diante de alguém detestável, sem odiar, sem sofrer, sem lamentar, apenas dar de ombros, sem injuriar na presença catastrófica de um canalha.
Vão-se os canalhas, ficam os mártires do amor devotado imerecidamente ao patife.
Amar ao sacripanta é covardia!

"A janela do passado"

O original deste diário está velho e amarelado. Comecei a ler e escrever muito cedo, não modifiquei nada do que escrevi neste caderno.
Obs.: Eu tinha vários sonhos de pequeno, pois me achava atento e prevenido, se não desse certo algum, escolheria outro...
O que eu mais queria era ser motorista de táxi!
Não realizei esse sonho.

Aqueles anos perambulei — é só o que me lembro.

Pegava carona na leitura, acho que foi lá que tudo começou.

Nostalgia? Regressão de idade? Não. O homem feliz não tem passado, ou: "o circuito imaginário da adolescência, divisor entre anos empacotados na idade da alvorada, e a expectativa do futuro encomendado".

Parece que estou começando hoje.

"Individualismo"

Um poeta mexicano escreveu sobre a democracia: (contra)

"A minoria pode acertar, a maioria nunca." (é uma verdade matemática)

O povão não é santo.

Em nome do povo também se pronunciam os cafajestes, ímpios, pederastas, salafrários, vagabundos, ignaros etc. Os heróis, gênios, santos e mártires são sempre um caso à parte, uma minoria espremida, encurralada nas situações mais críticas da história.

Eu sou o povo? Não existe povo para mim, considero cada indivíduo um ser diferente, uma joia rara... enturmado é mais um debiloide que assume a personalidade coletiva, apenas uma cabeça no meio da boiada.

Não devo obrigação à maioria. Não sou televisão, nem fama aguentaria.

Salve a Greta Garbo!

"Asa delta"

Escrevo para os que já venceram na vida.

Não importa aonde se chega ou aonde se quer chegar, aonde se chega não é o fim.

Tudo volta ao normal.

A simplicidade resolveria o problema de Ícaro, como depois resolveu.

Arriscamos tudo no sonho secreto, fazendo bico na realidade (imperdoável o homem sonhar caindo).

Quem tiver a coragem de demolir um sonho verá quanta coisa escabrosa encontrará nos entulhos fictícios.

Nada mais desalentador do que as ruínas de um sonho doentio, nada mais alvissareiro do que um homem sem miragens e moinhos de vento.

Só Deus sabe como um ladino desses consegue ser feliz. E é!

"Navegando"

De nada adiantaria escrever este confesso diário se a vida fosse torta, se a vida fosse condenável, mentirosa, porca, imunda, devolvível a Deus por não prestar para nada.

Escrevi esse diário pela nossa privilegiada glória de existir, pela justificação e testemunho da beleza singular de viver, que talvez para mim tenha faltado essa beleza, mas nem por isso o meu tributo e o meu agradecimento a tanta gente boa que conheci faltaram.

Fui livre andaluz das enseadas resplandecentes, ninguém me desagradou na alma, sempre tive tudo que quis. Nada me faltou e hoje, para legitimar ainda mais esse reconhecimento de felicidade, encontro você! Alguém que consente em ler o meu diário, mais um motivo para eu ter razão.

"Ninguém leva nada desta vida!"

Já imaginaram o que aconteceria à humanidade se Deus permitisse aos ricos e ambiciosos ter consciência dessa verdade?

A indústria, o comércio, os militares, a política, o poder? A corrida aos valores espirituais levaria o homem soberbo a abandonar todas as negociatas e o caos se instalaria na terra.

É melhor que os materialistas continuem se preocupando em acumular ouro, lucros, sem saber que tudo isso a traça rói e assim nos dão emprego durante a caminhada que tem uma glória muito além desse efêmero existir.

Se todo príncipe desse mundo soubesse o que vai acontecer com seu patrimônio, sua fábrica, seu castelo, despediria todos os seus funcionários, abandonaria todo o seu poder para correr o mundo pregando o desapego às coisas materiais, possivelmente a outro ex-colega de vida opulenta.

Aliás, o rico sabe disso, mas não se conforma.

"Acredite se quiser!"

Existem apenas 5.000 bigornas de 100 kg em todo o mundo. As mais famosas podem ser encontradas na Costa do Marfim.

Algumas são tão antigas que chegam a pesar 300 kg.

Diz-se que, durante a Revolução Francesa, a bigorna era também usada nos cavalos da infantaria para cravar as ferraduras nos cascos moldados pelos ferreiros.

Tornadas obsoletas pelo mundo moderno, elas enferrujam nas aldeias cuja atividade cavalar foi substituída pelos luxuriosos automóveis com pneus de borracha, mais macios e confortáveis que as ferraduras metálicas.

To believe or not!

"Traidor"

Não sou um homem amargo.

Gosto de sorvete de morango e jamais acreditei em Jean Paul Sartre!

Amargura não se guarda nem se vinga, pois os dias surgem nos inocentando de qualquer passado.

O homem que sucumbe à angústia existencial é traidor da raça humana!

Basta a frustração, o rancor, para que o sofrimento humano seja concordante com toda a desgraça sugerível. Ou o desânimo se instala nas cabecinhas atoleimadas dos incautos.

"É o fim da picada"

Estou cansado das tragédias do mundo, estou vagando entre pessoas infelizes, cheias de incertezas evitáveis.

Minha alegria são vocês e vocês estão sempre tristes. Como posso ser feliz sozinho?

Desisto!

Vou cruzar a rua sem destino, vou ser chato, vou cortar minha verba aos mendigos, estarei ocupado quando você me telefonar, enfim, a partir de hoje vou escolher minhas amizades pelo critério da capacidade de viver e se sentir feliz, sem os perigos da sedutora dramaturgia.

"Mirante"

O texto é uma coordenada cartesiana, que tem direção, sentido, tempo, depende dos valores atribuídos ao gráfico. É claro que num diário não existe preocupação matemática com sintaxe, estética, arte, escola etc. É uma leitura instrumental corrida das proezas, burradas, gols, estribos, indignações mais interessantes que conseguimos salvar do dia a dia de nossa caverna.

O esconderijo das vaidades humanas é o famigerado diário que a gente só mostra às pessoas queridas, e ai daquele que não experimentar pelo menos uma "rosquinha de fubá" de nossa festa. A gente enfia na goela da vítima, tudo para tentar ser gentil. (Eu também aguentei o diário do tio Leopoldo. Foi horrível!).

"Não existe criação"

Existe uma luz viajante que traz meu pensamento como uma encomenda deixada pelo correio na porta de minha casa.

A gente faz a travessia do cotidiano, levando e trazendo essa mensagem que se torna a maior façanha, mais até do que a própria bagagem...

Posso carregar todas as certezas humanas dentro de uma mala, mas, se eu não andar, ninguém aproveitará o que está dentro da mala.

A pergunta é: Onde se origina esse RNA mensageiro?

Obs.: É por isso que a gente pode abandonar uma ideia, ou um plano. Porque a gente não é o plano, apenas se serve dele. O fio elétrico não é a eletricidade.

"UFOS"

Eu não tenho ainda opinião formada a respeito desse assunto, prefiro aguardar o resultado desses contatos imediatos e só depois de saber o que foi divulgado e decidido nesses encontros poderei opinar, com base em provas indiscutíveis e verdadeiras.

Por enquanto são apenas hipóteses muito vagas que sugerem a existência de marcianos em nossa terra, segundo os lunáticos.

"Exceção"

A maioria dos animais é irracional e o homem, unicamente, é a exceção; sem ter parceiro para compartilhar o tesouro da faculdade de pensar, intromete-se em si mesmo a refletir e engenhar ideias.

Assim, quem vai ouvir os poemas que escrevi sobre as borboletas? Eles estão encerrados e incomunicáveis na solidão de nossa espécie.

"Metamorfose"

Hoje, ao sobrevoar entre as flores, a bela e suave borboleta nos encanta.

Quem poderia acreditar que ontem ainda ela era uma larva asquerosa e desprezível, a rastejar pelas sombras putrefatas da terra?

"Reestudo"

Instinto de selvageria poética.
Reestudar o texto rascunhado.
É o movimento inverso de compor. Engolir novamente a presa depois de triturada e vomitada alegoricamente.
O poema recém-escrito ainda contém penugens alérgicas. É preciso lavar a cria num momento de descanso e meditação.
Às vezes basta um olhar de fora sobre as linhas e o poema se acomoda docilmente em nosso coração. Depois de passado a limpo, lógico!
Serei um dramaturgo?

"Crônica"

Rodoviagem.
É uma tarde cheia de fadiga.
O sol não é um círculo, mas uma tocha fumegante.
Ao contemplar o horizonte da pavimentação asfáltica, parece que ardem gases queimando elementos em suspensão, digeridos por uma fornalha crematória que vai se acalmando à medida que devora uma vítima invisível perto do refratário leito negro.
Os caminhões enormes e vermelhos deslocam-se vagarosamente, feito monstros pré-históricos cujo sangue frio não resiste ao impiedoso calor do asfalto e caminham resignadamente, como répteis asquerosos numa gigantesca fila de condenados à fornalha inclemente.
O asfalto desprotegido é um corpo exposto a queimaduras, maculado de bolhas pastosas e feridas negras.
Os homens-banha destilam gotas de suor pelas faces rubras, dando a impressão de que irão explodir num derrame de sangue e miolos derretidos, findando em macabra dissolvência.
Um polonês gordo, apavorado com o seu colesterol, retira a enorme cabeça eslava de um balde metálico cheio de água; e ela surge mais vermelha ainda, como uma cripta ardente cujo peito, em acelerada respiração, procura resfriá-la combatendo

arterialmente a elevada temperatura, numa tentativa de oxigenar todos os ductos e nervos superaquecidos da cabeça.

Finalmente o crepúsculo da tarde. A hora mais quente do dia.

Por alguns instantes, parece que respiro labaredas de fogo em vez de ar. Mas é só por um instante. Na troca da brisa terrestre pela marinha, então se acalma a natureza.

Um misericordioso sopro de vento surge agora.

É um beijo recebido de quem acabou de lamber um sorvete de neve e nos refresca a pele num ósculo de corpo inteiro.

As pessoas magras estão sentadas nas cadeiras desse restaurante de beira de estrada, ressequidas como se estivessem saindo do consultório de um vampiro ígneo que sujou todo o sangue e introduziu, em suas veias principais, fios de cobres amarelados que as mantêm de pé.

Os obesos bufam ruidosa e asmaticamente, trazendo na palma da mão enormes alcobaças ensopadas de suor, pois é necessário enxugar a pele do líquido incontido.

Repetidamente ingerem água fresca das preciosas moringas, reidratando-se para recomeçar tudo de novo. Amanhã bem cedinho, logo que o astro rei venha a surgir de novo no horizonte da planície seca, num tormento que castigará todos os indefesos mártires de um dia de verão...

Fim.

"Peço atenção aos maus!"

Em nome de todos os mártires, suplico que executem seus planos de ódio e destruição, que cumpram suas vinganças e taras, que roubem, que matem, que profanem se esse é o único caminho que os conforta e liberta.

Mas que seja pela última vez! Para que, o mais breve possível, possamos finalmente viver em paz.

"Lente que chora"

Chorar, só quando estiver sozinho.

As lágrimas revelam nossa imagem sem retoques como uma fotografia retirada silenciosamente da água, surgindo aos poucos a verdadeira face desvendando traços e segredos que poderiam permitir a um salteador aventureiro conquistar nosso coração.

É uma máscara protetora que se derrete pelo calor das lágrimas, enquanto outra se forma grotesca, pela pureza da dor.

A verdadeira face.

"Hum..."

Estou procurando uma frase que escapuliu do texto enquanto eu tomava um cafezinho.

Eu devia tê-la anotado! Confiei na memória... e só o que restou foram essas pegadas furtivas em direção a uma vírgula deixada na linha, assim ó! (,)

E, se eu a reconhecer publicada num jornal, como provarei minha autoria? Sou o verdadeiro dono.

Só lembro vagamente que ela falava de amor e um beijo.

Será que ela não fugiu para se encontrar com a... bem! Se o lugar que escolhi, com tanto carinho, para encaixá-la no poema não lhe agradou, procure os lábios de uma mulher que a beije emprestada, pois estou encerrando o texto sem essa frase ingrata aqui mesmo!

Fim.

"Autofagia dos solitários"

Eu não devo continuar escrevendo obsessivamente sem viver outras realidades.

Estou fecundando a mim mesmo como um ser hermafrodita, isso enfraquece a espécie "Romeus-pensantis".

Se não encontrar um "filósofo" que queira trocar experiências, logo estarei produzindo o meu próprio veneno em vez de seiva vital.

"Ultraje"

Está surgindo comigo uma nova literatura, uma maneira tão brutal e centrífuga de escrever que nem a loucura mundana dimensiona.

O adjetivo exato seria pulsação pós-racionalidade.

"Mote"

Cada escritor possui um gás reagente em suas palavras. Química do estilo.

Poemas apaixonados temperam-se com gás lacrimogêneo.

Alguns aplicam gás letal em sua fórmula. Outro dia vi aquele leitor usando máscara protetora diante de um exemplar de Fagundes Varela.

Essa essência de todo escritor pode ser encontrada na tabela periódica, pasmem!

"A inutilidade do desespero!"

Estou aprendendo a enfrentar as dificuldades com calma.

É necessário estabilidade emocional mesmo quando a situação é grave.

A tempestade vai passar.

Se consegui sobreviver ao dia de hoje, o dia de amanhã pode ser até pior, sobreviverei.

Muita coisa errada anteverá o meu futuro triunfo. Faz parte da vida.

Caminho por galerias repletas de fantasmas assustadores, tudo para se chegar a uma planície que se alcançaria do mesmo modo sem esses atribulados fantasmas.

Amigos "garantem" que eu passei por situações trágicas na vida, mas, se sobrevivi a tudo, foi como se nada tivesse acontecido.

Ganhei experiência?

Com o valor que dimensiona a vida, com tristeza ou felicidade, o objetivo de viver seria cumprido, pois ele está acima de qualquer circunstância momentânea.

Alcançarei a glória divina, custe o que custar! Nem que para isso eu tenha que abandonar a hipocrisia humana da qual fazemos parte.

Por comparação sou tão falho quanto os outros, porém tenho consciência da necessidade de impedir o meu fracasso, entre tantos perigos iminentes, principalmente este que escolhi como motivo do texto; a inutilidade do desespero.

"Altos e baixos"

Quando escrevo tenho arranques de profundidades filosóficas condensadas num pico ideal e que caem vertiginosamente em sandices que seria impossível acreditar procederem da mesma pessoa.

Tenho como princípio não esconder os meus temores (defeitos), é um atrevimento que resulta em muita discórdia, porém, não se compara ao prazer de se sentir fiel aos tremores filosóficos internos.

A autenticidade pouco agrada, mas é garantia de que, bem ou mal, está se dizendo a verdade.

"Legitimidade"

A gente nunca escreve nas horas de folga, pois todo escriba trabalha no expediente normal, ou vocês acham que a arte de escrever é estúpida a ponto de se ter uma crônica (supondo) já previamente redigida no domingo para cada necessidade do dia da semana?

Só os profetas escrevem antecipadamente as sentenças do futuro. Não, caro amigo! É um trabalho nobre e inútil como o de lavar louça, mas temos que fazê-lo todos os dias!

"Mandingas"

As urucubacas são desfeitas pelo amuleto do pé de coelho, porque, quimicamente, as galinhas pretas de encruzilhada possuem, na camada de valência, um elétron que, ao contato com as substâncias contidas nas patas de coelho, cede energia formando uma molécula neutra.

"Frivolidade"

Escrevo verdades frívolas que não precisam ser contestadas. Justamente aquelas que pairam no ar sem motivo algum.
Não vale a pena sequer reparti-las, ou contestá-las.
Achei a resposta para tudo!
Aliás, escrever é mostrar o óbvio de maneira que ninguém perceba a simplicidade do óbvio.
As pessoas procuram verdades enormes, brilhantes, importantíssimas, como as sete maravilhas do mundo e caem de costas quando fura o pneu do carro!
Para seu governo, não se aproveita nada da beleza panorâmica de uma plantação de trigo, a não ser o trigo do pão.
Por incrível que pareça, é nessa diminuta divisão do corriqueiro que eu consigo encontrar vestígios de sabedoria e felicidade!

"Analfa"

Mais prejudicial do que não saber escrever é não saber o que os outros entendem como sua linguagem.
O meu idioma é o "fraseado furtivo" descoberto à revelia da sensatez encrenqueira.
Se eu usasse da plasticidade formal ou seguisse algum modelo ético, acabaria escrevendo cópias da sabedoria pífia que sobra em qualquer pocilga da comunidade humana.

Se você entendeu o que eu quis dizer, as minhas suspeitas estão corretas. Nasceu um porteiro da casa do pensar, um leão de chácara das palavras, talvez um concerto intelectual inédito.

Meu compromisso é escrever obviamente.

Ironia!

"Aluga-se"

Alugam-se poemas. Pronta-entrega ou sob encomenda.

Poemas luxuosamente escritos.

Material importado das estrelas, sonhos, passes, oferendas emotivas ao leitor impecavelmente enamorado.

"Maldição da escrita!"

Sou como um lobo fedorento uivando na garganta de um penhasco.

No fundo sei que ninguém me ouve.

Canto apenas pela glória da espécie, liberdade única de quem é perseguido em todo o reino pelos críticos gramaticais que não admitem eu começar as noites de serestas pelo pronome pessoal (oblíquo)!

"Começar de novo"

Se fosse começar de novo, você faria as mesmas coisas que fez?

— De maneira nenhuma! Seria falta de criatividade repetir a mesma rotina diante de um mundo efervescente, misterioso, desconhecido, carente de mudanças. Eu tentaria ser mais faceiro.

"Pieguices"

Ainda não consegui me refazer do impacto deste diário.

Parece que estou planando, tentando regressar na atmosfera aconchegante do cotidiano.

A gente fica fora do ar por alguns momentos, a minha órbita é muito distante da gravidade terráquea.

Eu preciso de uma mão amiga para me pinçar do animalesco voo.

Você já pensou no dia em que puder ver a minha reentrada no circuito fechado da emoção?

Estarei bebendo chope ao seu lado e sem o meu chapéu panamá que eu perdi durante a missão.

Esse é o velho Romeu de guerra, apaixonado e simples.

"Sorte grande"

Já possuo o tesouro da vida guardado no meu coração.

É claro, não estou falando de ouro nem instrumentos fictícios que substituam a realidade enquanto a sorte grande não vem.

A realidade é radicalmente pobre e não comporta a felicidade de todos, lançando a sorte sobre as nossas cabeças (de acordo com o prefixo de cada indivíduo genérico).

Um ou outro chega ao final da estrada satisfeito.

Na fila de espera estão os otimistas probos. Com eles acontecem as grandes tragédias e o desmoronamento constante de ilusões, mas eles nunca desistem e a realidade, cruel justiceira, ciclicamente promove a estratégica devassa, até que o homem se acostume com a sua própria simplicidade e feche definitivamente esse abismo de ilusões embaixo de seus pés.

O que eu espero da vida?

Às vezes eu me sinto feliz em catar um passarinho distraído no chão. Talvez um amuleto de marfim para dar sorte, espero.

"Esclarecendo"

Alguém me pergunta se eu confundo a arte, ou o teatro deste diário, com a realidade "feijão com arroz" do dia a dia.

Ninguém pode viver de surrealismo o tempo todo. A minha vanguarda é uma proposta que sugere aonde a humanidade chegará um dia.

Mas não dá para viver de acordo com o imaginário teórico.

Ironicamente as utopias, colônia de férias da humanidade, serve para uma reflexão da realidade obsoleta atingida pelo desgaste constante das engrenagens sociais. Lubrificação dos eixos emperrados.

As pessoas vivem de ficção, sonham acordadas pensando num futuro invisível do amanhã melhorado.

Ninguém está contente com o seu salário e vive sonhando com a possibilidade de triplicar a sua fatura; isso é alienação, pois sabemos que nada pode ser multiplicado sem um custo muito alto.

Enfim, o meu diário é um ritual cerimonioso que exorciza os duendes que os outros me impõem.

Eu não sonho sem estar no teatro.

"Nada"

Correr a realidade, investigar a veracidade dos fatos, analisar o dia de hoje, pensar nas causas que moveram as circunstâncias, concluir: "é uma caixa dentro da outra até sumir a origem de tudo".

Sabe-se que aconteceu alguma coisa durante o dia, mas não sobra nada, é tempo perdido tentar explicar a engenharia cartográfica dos dias.

O que salva os momentos é a continuidade do espírito.

Usamos a nossa alma o tempo todo para viver, as imagens e sensações alteram-se a cada instante e se perdem no tempo e no espaço.

Nada. Nada. Nada.

Se jogarmos fora os detalhes secundários de um dia, sobra só a gente.

"Arre! Finalmente!"

O diário não pode ser uma leitura corrigida, pensar duas vezes; e a razão de ser dele é o momento. Aquele momento diário.

Captar nervosamente a caída de uma gota de chuva, rapidamente descrever a queda livre como se fosse a primeira vez.

É assim o meu diário, como uma seta atirada no alvo, às vezes eu erro, mas ficam a trajetória e o arco que sou eu. As palavras eu mando ir à frente, preparando o caminho do pensamento, se encontrei sinal de vida, lá vai o escriba investigar por quê.

Vai de qualquer jeito mesmo!

Escrevo à "miguelão", nos dias de chuva principalmente.

Levei 25 anos para conseguir escrever esta página.

Só hoje eu encontrei o sentido exato que eu queria.

Ficou do meu gosto. Expliquei.

"O contumaz"

Linguagem figurada.

É mais inteligente usarmos a figura ao objeto. A figura muda-se, o objeto não.

A figura sugere o objeto, indescritível objeto, fiel arco que circunda o objeto, campo de definição de uma função objeto.

Em outras palavras, escreveu com tanta convicção a ilógica arte, que convenceu. Mais pelo furor de sua dialética do que acertou na verdade.

Obra do acaso não será. Equívocos não houve, pois ninguém insistiu ir além do sugerido.

Retira-se a premissa se o argumento é impraticável, mesmo que verídico.

Considero o sol como objeto, a luz como prova, o dia como consequência, não é, porém, a definição esgotada, única. E assim por diante.

Ra! Ra! Ra!

"Formalidades"

A maneira mais fácil de decepcionar um amigo é revelar todos os sonhos e sentimentos a ele. A gente nunca é da grandeza que os outros esperam.

Inevitavelmente acabamos nos expondo a uma análise. Isso pode até ser muito gostoso, mas quando avaliado por um psicólogo. Especialista em gente.

Obriguei-me várias vezes a acompanhar pessoas que se ofereciam imprudentemente a uma avaliação através de um desabafo afetuoso e as fobias, manias, espasmos etc. imediatamente vêm à tona em forma de arrependimento ou carência de afirmação pessoal.

A minha lei primeira é nunca fabricar um conselho ou sugerir outras fantasias e batalhas além do que já tem cada indivíduo para se preocupar.

No ambiente em que vivo acontecem com frequência encontros e desencontros inevitáveis desse tipo.

Como é de minha vontade só mostrar este diário à pessoa sensível e perfeitamente conhecedora do assunto, além de ser de minha inteira confiança, imagino que você já deve ter percebido que o interlóquio é reservado só a nós dois, pois não encontraria respaldo em pessoas mal preparadas para sentir o impacto indecoroso da alma humana.

O que eu quero esclarecer é que os escritos neste caderno são de domínio público (pode-se até fazer cópias), porém eu gostaria de permanecer anônimo.

Aliás, nem sei por que eu fiz esse apelo, se há 25 anos esse diário é esquecido até por mim.

"Ingenuidade"

O que mais assusta a quem está iniciando o hábito de escrever é a terrível possibilidade de ser comum.

O estilo próprio é como impressão digital, cada um tem a sua marca e procura torná-la nítida, ou fracassa na tentativa impossível de querer se consagrar através da lógica.

A lógica serve apenas para manter o homem ao lado dos outros, jamais para fazê-lo sobressair-se.

Aliás, nem sei como esse trecho veio parar aqui. Só sei que ninguém tem outro igual!

Obs.: texto resgatado da distante década de 1969... eu tinha 17 anos.

Eu lia Pato Donald e gostava de qualquer garota.

"15 anos"

Escrevi muita tolice quando tinha 15 anos. Não que os 15 anos de idade me obrigassem a ser desajustado. A minha convivência não era com pessoas esclarecidas, isso me desviou bastante da erudição precoce que já sentia ser o meu caminho atravessado.

Muito jovem ainda passei no vestibular de Letras da Universidade Federal do Paraná. Jamais fiz a matrícula... mais tarde cursei Engenharia Civil. Nunca fui requerer o diploma...

Em compensação, provoquei uma síndrome cultural em minha vida seguindo somente a minha vocação, à revelia da instrução acadêmica. O passado pode ser motivo de escárnio para quem saiu ileso de seus prejuízos!

Nem meus adversários conseguiram impedir que eu tivesse acesso à cultura, nem os professores amigos meus entenderam o meu afastamento sacrílego dos bancos acadêmicos.

No fundo eu sempre tive razão! Não precisei provar nada, a ninguém.

Sou o que sou com autoridade de escolher os objetivos existenciais.

Esse desabafo me alivia em muito da carga honrosa de ser considerado vítima da própria família no passado.

Eles não tiveram culpa de nada. Eram ignorantes e não podiam imaginar o quanto era inútil tentar me impor uma receita de vida.

Influenciaram bastante no mau humor, mas foi só isso!

Se fosse criado em berço de ouro e ninguém fosse contra mim, talvez essa rebeldia pertinaz insistisse e eu no centro de um mundo, sabe Deus que mundo, seria um roqueiro frustrado, ou presidente do clube dos cafajestes.

Posso garantir que a grande vitória da vida é viver de tal forma que as coisas sejam como a gente quer e não como os outros supõem.

Posso agradar aos outros com uma ação suprimida do meu íntimo, mas primeiro tenho que agradar a mim mesmo, senão nem eles aprovam, nem eu, o que é fatal.

Rumos de uma existência.

Curitiba, quinta-feira disponível de 1900 e 50 e três cenouras.

"Sorrateiro"

Nunca permiti ser referendado por amigos entre debates envolvendo experiências existenciais, justamente porque acho minha maneira de encarar a vida um luxo metafórico.

Ora, sigo o "método" de considerar todos os valores iguais. Jamais idolatrei estrelas de primeira grandeza ou deixei de imaginar as que nem enxergo.

A gota da água e o mar; para mim é fácil colocá-los no coração, tamanho navegador que sou.

Tenho muito orgulho em resgatar o simples grão de areia e a exuberância singular de uma montanha.

Constante é o meu porvir! Amanhecer e anoitecer, arabescos da coluna hercúlea que sustenta a alma; alma que arrebata as luzes sem encanto.

"Aquarela"

Alguns chamam as minhas aquarelas de arte... Missionário do êxtase humano, rabisquei a paisagem do cataclisma existencial; um artista escolheria melhor, iluminaria melhor o anfiteatro de nossas vidas, não excederia a razão só para provar o belo.

Todo artista é prudente e eu não sou, portanto perdi a chance de descobrir o belo enquanto pensava em ser simples.

"Vencer na vida"

Para o homem vencer na vida, não se obriga superar todos os obstáculos. Basta executar com sabedoria as pequenas tarefas indispensáveis como: "escolher criteriosamente seus ministros, não permitir que subalternos tenham a cópia da chave do palácio, selecionar com cuidado a tripulação do iate, uísque importado etc.".

"Trovinhas do sítio"

Sertanejo, caipira Machado
Pesqueiro, piranha, facão
Cachimbo, cachorro do mato
Farinha, manjolo, pinhão
Trovoada, sapé no telhado
Madrugada, faísca, trovão
Benedito de medo, cachaça
Gonçalina de terço na mão
Chuva passada, desgraça
Passarada morta no chão
Vento, vala e vela
Deu certo, certinho, sertão.

"Alegoria"

O que é que eu ganhei sendo integrante dessa escola de samba apoteótica? A vida num ritmo sincronizado com o sentimento humano...

Muita gente viu minha fantasia, nunca a alegria interna.

O Romeu do diário.

"Só"

Suponho que você esteja só ao ler as minhas memórias.

É nesses momentos que o mundo se torna aberto ao meu pensar.

Tens a oportunidade rara de vasculhar o íntimo de um semelhante seu, podendo fazer uma avaliação correta da espécie humana.

Será que você está satisfeito com o meu desempenho, ou a irmandade ainda tem que mexer na natureza íntima, até encontrarmos essa equivalência mútua?

Se não extinguirem as minhas opiniões, por insuficiência de argumentação, pretendo alcançar os momentos mais belos e importantes de minha vida aqui mesmo, dentro deste diário.

"Advertência"

Deus te adverte dez vezes e te condena apenas quando prejudicares alguém.

É para salvar a pele que estamos aqui, não apenas para ficar olhando como palermas a vida passar.

Se for de pecar, peque. Se for de brigar, brigue. Porém, não demore em decidir o caminho, pois até pecando alguém pode sentir asco pelo seu pecado e se salvar.

"Ativo e passivo"

Estas páginas, escritas em cadernos comuns, são as campanhas de minha existência. É a luz emanada de um homem como todos os outros, vigoroso apenas no escrever.

Se nós, os pobres barriqueiros da palavra, embalamos sonhos tão grandiosos, imagine os prepotentes e conquistadores, até onde podem chegar?

"Diário?"

Procurei encubar no pergaminho as minhas provas existenciais.

Estão guardadas nos anos de adaptação aos dias.

Ao consultar um trecho de 25 anos atrás, não nos reconhecemos mais. É constrangedor o quanto somos superficiais, o quanto mudamos com o tempo, somos volúveis e jamais cumprimos o prometido!

A vida, os vícios e os outros nos transformam.

Sempre escrevi um pouco do louco, dos maus, das putas, dos putos, dos bons... que fazem da vida um santuário harmonioso!

Você notará que até os tolos são indispensáveis ao equilíbrio hipócrita da sociedade.

Passei de raspão na vida!

"Canteiro de obras"

Eldorado das fraquezas humanas. Datas-chaves da biografia anônima. Aqui você tem oportunidade de saber o que aconteceu comigo, enquanto você estava na rua.

Preferi fazer a demonstração usando variáveis genéricas, sem especificar ou detalhar particularidades, assim ninguém precisa lamentar minha burrice.

Você está sobrevoando meu canteiro de obras. Por favor, não repare nos operários vagabundeando, considere apenas os girassóis do meu jardim, esses eu mesmo plantei. Enquanto isso vou usar o banheiro.

Fique à vontade!

Comentário: Como o diário de Rominski contém muitos textos sem títulos e frases menores escritas aleatoriamente, foi conveniente deixá-las separadas. Apresento-as agora, seguindo a ordem estabelecida pelo autor.

"Tão breve é a vida, tão grave é o pecado e mesmo assim os demônios têm pressa em que a morte chegue."

"Insinuar que uma pessoa é carinhosa é elogiar uma carícia recebida."

"Sou do tempo em que havia símbolos, flâmulas, emblemas, linguagem épica que foi substituída pelas grifes profissionais, modernas e ricas."

"Não quero induzir ninguém a procurar pérolas em minhas ostras. Elas são ostras apenas comestíveis."

"Não admitimos um beijo roubado de nossa cara, de forma alguma ele nos desagrada.
É mais fácil desviar um soco."

"Eu e minha mulher cansamos de procurar o Romeu e Julieta de nossas vidas. Não poderemos esperar por alguém tão apaixonado assim.
A vida é breve.
Casaremos nós dois mesmo!"

"Inebriante é a beleza dos girassóis.
Tolo é o homem que faz azeite de girassol, perde-se na beleza."

"Permita-me viver, deixando-me escrever! Que infeliz seria se escondesse o que sabia, escute o que lhe digo e veremos se consigo."

"Musa?
Nunca rastejei o amor de ninguém, porque as pessoas dignas de ser amadas não permitem a humilhação inerente dos românticos."
"Nunca participei de torneios literários nem escrevi um poema sequer em toda a minha vida, mas, no entanto, tenho-os na memória e os vivo praticando junto com as pessoas que eu amo.

Eu sempre arranjo uma desculpa para não escrever sensações que não se decifram num texto."

"Piorou muito a situação de meus inimigos depois que resolvi fazer arte e escrever poemas de amor.
O que mais poderiam tramar? Alvoroçar-me? Desanimar-me? — Que se danem os "pesdocaintes" e até os "benochevantes"!
Tenho até que inventar palavras para poupá-los de velhos palavrões."

"A cada passo uma derrota. Cada derrota, um passo."

"Posso não ser um homem humilde... mas mantenho uma dianteira folgada sobre os egocentristas."

"Por que procurar um hobby para passar o tempo? Arrume o jardim que as rosas estão enfraquecendo."

"O maior salário ao mais soberbo. Por que juntais maior claridade do que o dia consome? Para violar a noite?"

"A vida após a morte existe apenas para quem tem fé. O materialista prefere encerrar o 'expediente' aqui mesmo, alegando falta de provas na eternidade. Cada um suicida-se como achar melhor... uns provisoriamente, outros definitivamente."

"Não repare os meus prazeres calculados e medidos para não haver desperdício de contentamento.
Há muitos anos eu sou feliz e você é a razão que eu guardei para hoje te curtir (ocasião especial)."

"Deus criou a ciência e o homem.
A diferença básica entre a ciência e a religião:
Ciência: o homem criou Deus.

Religião: Deus criou o homem.
Porém Deus não abominará os cientistas, talvez os perdoe."

"Para a simplicidade das pombas, o voo das águias é uma irresponsabilidade."

"Generoso escritor,
Benemérito pensante,
Poeta beneficente acenando lencinhos de paz,
Caridoso poeta que oferece seus versos gratuitamente ao vento,
Doação espontânea da vida.
Causa nobre: meu sonho é criar um fundo de assistência aos sobreviventes da cacotenia."

"O beco sem saída não tem razão de existir. É melhor fechá-lo de uma vez!"

"Faltava tanta comida na casa do Amadeu que os sanduíches de cebola, inexistentes, já não supriam as necessidades da criançada faminta.
Amargurado, queixa-se o Amadeu que a vida dele não passa de uma trágica ficção.
Talvez eu possa ajudá-lo com meus mantimentos desconhecidos.
Quem sabe amanhã tudo venha a melhorar pelo menos em sonho..."

"O avião seria o meio de transporte mais seguro se batesse as asas quando o motor se apaga."

"Os homens que alcançaram a felicidade deveriam ser reclamados por Deus de ficar junto a nós que sofremos, pois ao vê-los felizes o nosso sofrimento parece mais injusto ainda."

"A moral é transitória.
Não julgue a verdade que vem vindo pela verdade que você carrega agora. Ela poderá ser mísera diante do que vem.
No velho testamento, olho por olho, dente por dente.
No novo testamento: 'se alguém lhe bater numa das faces, ofereça a outra também'."

"A minha intenção era consagrar a vida nessas linhas equatoriais.
Toda vivência sem deslumbramento resumida na pobreza desse "affair".
E o homem ainda tem esperança de ser alquimista... tolo complicado."

"Os tolos me perseguem. No frigir dos ovos, eu é que tenho que ajudá-los e caminhar invalidando a lição."

"Se alguém chorou por mim, não chorou em vão. Pois um dia eu vou saber e irei chorar também."

"Devemos ter muito carinho com a nossa alma.
Pois ela será o nosso próximo e talvez último corpo."

"A melhor maneira de viver a vida é sozinho. Mas verdadeiramente os outros não deixam a gente de fora, ou vice-versa."

"Posso sair dessas linhas e caminhar até o fim do mundo, que elas estarão aqui me esperando sempre vivas."

"Os erros que a gente comete em amor, em vez de ficarem para trás, vão se acumulando na frente."

"Quem escolhe com quem quer casar, acaba casando com o melhor amigo."

"Procure compreender Deus através das leis naturais às quais pertence e que conhece, e não por sugestões sobrenaturais. Deus se manifesta ao homem naturalmente, e não sobrenaturalmente. Deus é o mais natural de todos nós, tanto que se torna invisível."

"Se os bons levassem vantagem na vida, até os maus quereriam ser bons."

"Cada um descobre um pouco da verdade. Quando conseguirmos juntar tudo numa só, teremos alcançado a perfeição."

"Nunca deixe a situação chegar ao ponto de não haver nenhuma opção.
A última saída é sempre a pior de todas."

"É bom para a mulher já ter feito algum homem de tolo. Porque o homem não gosta de ser enganado, mas admira muito quem o enganou."

"As flores de um galho torto são iguais às de um galho direito. Todos são capazes de uma flor."

"Se todos fossem felizes, não haveria necessidade da razão".

"O namoro é uma preparação real que nos apresenta todas as razões por que não devemos casar."

"Ninguém nos ajuda a ser feliz.
Todo mundo é obrigado a auxiliar os que estão em pior situação do que nós."

"Todas as pessoas queridas são espertas.

Não amamos as ingênuas. Elas não sabem evitar que tenhamos piedade delas."

"O único ser solitário ao homem é Deus. Este não teme alguém lhe fazer algum pedido que não possa atender. Se ele quiser, tudo é possível."

"Eu sou muito fraco para lutar contra os erros do mundo, mas ele é mais fraco ainda para impedir que eu lute."

"Para aproveitar bem a vida, é preciso nascer de novo, como fazem diariamente as flores que à noite se fecham para desabrochar sem mácula no dia seguinte."

"Prefiro lançar a amargura de minhas palavras ao leitor do que tratá-lo como um debiloide, incapaz de suportar a franqueza dolorosa de um vaticínio."

"Compreendam.
O pêssego não pode arriscar seu caroço pondo-o do lado de fora da fruta."

"Aversão do larápio: — Eu pensei em me entregar à polícia, mas logo desisti; pois, ao passar pela frente dos presídios, notei que jamais eu seria recebido de portas abertas!"

"Escreveu tanto a respeito das fraquezas humanas que adquiriu a doença de insensatez.
O homem deve ser otimista e acreditar naquilo que escreve..."

"Ignoro a plantação de abóboras dos irmãos Karamazov. Sequer os conheço! Como poderei saber onde eles plantaram essas deliciosas tuberosas? Portanto, nem me pergunte a respeito de assunto tão enfadonho."

"A lentidão das tartarugas não ajuda em nada o horário dos ônibus, pelo contrário! Acaba atrasando todas as outras em breve tempo."

"Nos contos de fada, as lebres invisíveis são as que mais estragos causam nas plantações de pepinos."

"Pérolas tiradas da frágil cabecinha humana.
Poluição: — As estrelas mais próximas logo serão contaminadas pelo lixo radioativo da terra, que se afasta velozmente em direção a distâncias estelares inimagináveis."

"A gente sempre esconde as cuecas cagadas da nova empregada. Depois que se acostuma com sua insignificância, faz questão de cagar nas cuecas."

"O objetivo principal ao apresentar essa coletânea de besteiras era ser ridicularizado.
Mas acho que posso ir muito além disso..."

"Os índios gastavam muito mais tempo na fabricação da cerâmica do que aturavam os objetos."

"É tarde demais para os ecologistas salvarem o planeta.
A nossa esperança são os astrônomos!"

"É fácil verificar que atualmente a China é um dos países mais antigos do mundo.
Imagine num futuro distante!"

"Na opinião das crianças, o circo deve ficar para sempre na cidade. Mas o circo tem que ir embora, pois as crianças ficam adultas."

"Talvez a lua se esconda atrás das nuvens para trocar de 'roupa' ou retocar a maquiagem; afinal, sua outra face ela nunca mostra, suspeita de pudor e recato."

"Mesmo a coluna de tanques sendo mortífera, acaba esmagando mais formigas do que a gente."

"Os homens verdadeiramente bons, por mais que o destino lhes judie, trazem sempre uma canção alegre em seu coração, enquanto os intolerantes e malvados semeiam adjetivos de amargura e desesperança, impiedosamente."

"O prazer que me dá a sensação de estar escrevendo sem ninguém me conhecer é tão forte quanto o medo desgraçado de não ser ouvido.
Egoísmo. Pareço uma galinha que, depois de nascida a ninhada, desfila orgulhosa pelo terreiro a exibir sua prole.
Enquanto ninguém sabe de nada, eu aproveito para saquear as maravilhas poéticas do mundo, deixando tudo por escrito numa sinérgide compulsória."

"Essa sua felicidade é por pouco tempo. Amanhã mesmo você estará dando a vez para um passarinho cantarolando alegre na copada de um pinheiro."

"Cativar as pessoas com a graciosidade de um texto é a arte sublime de entrar na vida dos outros, pelo coração."

"Nunca tente melhorar o provérbio de quem faz dele o seu tesouro."

"O pessimista é o único sujeito que não se conforma com o gosto ruim do vinagre."

"Justamente por não precisar que alguém leia os meus textos é que tive a liberdade de ficar pelado diante deles.
Escrevi sem nenhuma retroescavadeira a perturbar meu sono.
Significa muito para eu deixar uma obra útil ao vento.
Talvez um dia eu arranje coragem para "costurar para fora", desde que na carteirinha de escriba conste que não sou obrigado a escrever poemas em dia de chuva, como sugeriu outro dia a Vera Lúcia.
E passe muito bem você que não leu as minhas crônicas!
Não sabe o que está ganhando! Bah!"

"As vacas, com suas bocas vermelhas, mastigam capins nutritivos que não entendo como se transformam em leite.
Química da carne? Ou leite se tira de capim escondido no interior da vaca?"

"Incorruptível é aquele que não aceita cheque sem fundo."

"Mãos gordurosas, poemas obesos. Letra incisiva, peso do braço farto de músculos. Suor gotejante, um poeta gordo, lírico, arfante a escrever por nós vegetarianos."

"Puritano é o sujeito que não bebe uísque falsificado."

"O pensador não vive de contemplar a humanidade. Ele pouco imagina.
Anda mais que todos os outros para encontrar explicações às nossas perguntas.
Ainda bem que os itinerantes nos trazem notícias de lugares longínquos, até do passado às vezes."

"O escritor pensa como a gente. O que temos dentro da cabeça ele também tem.

Profundamente inquiridor, ele esculpe em nós leitores aquilo que gostaríamos existir nele."

"Deus é a única criatura que tem o poder de desviar um ovo em pleno ar, depois de atirado, para evitar que se espatife num penhasco. Portanto, se você está para bater numa rocha e não pode evitar, acredite em Deus! Ele pode te ajudar."

"O capim cresce o menos possível e mesmo assim as vacas pastam."

"Enfrente-me com justiça e vencerás sempre."

"A melhor coisa da vida é quando você alcança a plenitude da lucidez e os outros acabam pensando que você é o maluco."

"O mundo cobra muito caro para sermos heróis, sábios ou gênios. É por isso que são poucos os que tentam essa façanha."

"As pessoas más ouvirão muito mais ofensas que as pessoas boas."

"Infelizmente os bons amigos são os que menos precisam da gente."

"O amor pela beleza não é verdadeiro, apesar de ser algo belo também.
Amor é aquilo que a gente sente pelas minhocas, amor sem motivos, amor eterno..."

"O homem que não tem liberdade, sendo livre para tê-la, é tão inútil como um pássaro que tem asas para voar e não voa."

"O que você não ganhar por merecimento ainda vai ser lucro para os teus inimigos."

"Existem insetos que vivem apenas algumas horas de vida completa e são tão velhos como os pinheiros que atravessam os séculos e precisam das mesmas coisas que alguém que contempla apenas por um instante a vida.
Um minuto apenas, serve de eternidade a um vírus."

"Com o passar dos dias, a vida passa a ser composta de lembranças e vultos que jamais se esquece ou regressam e que nos seguem como ecos de uma festa da qual já nos despedimos para sempre."

"O homem não é capaz de criar nem um grão de areia. Apesar de um grão de areia não ser nada."

"Pelo telescópio, observamos como são colossais as estrelas.
Pelo microscópio, alcançam-se os detalhes de um grão de areia.
Qual a diferença entre uma estrela e um grão de areia, para quem não conhece a imensidão?"

"Se Deus ouvisse todas as preces e atendesse o cumprimento de todas as promessas, este mundo seria uma perigosa mansão de desocupados."

"Tudo que existe passa por mudanças.
Os palácios antigos, dizem, não há beleza que os iguale. No entanto foram substituídos pelos palácios modernos."

"A cada pôr do sol são cumpridas as escrituras e violados os mandamentos."

"Tanta gente imbecil para tão poucos escritores!"

"Se Deus fosse visível, os homens tentariam ainda assim encostar o dedo nele."

"Cristo não faz outra coisa senão pedir à humanidade que faça você feliz."

"No céu estarão os bons e os alegres. Os bons por merecimento e os alegres por necessidade."

"Todos os movimentos revolucionários foram ilegais.
No entanto, a eles o mundo deve pelo seu desenvolvimento."

"O verdadeiro amigo nunca pergunta pelos seus segredos."

"A gente lê um escritor e depois imagina que poderia ter pensado tudo aquilo se ele não tivesse se adiantado."

"Eu não sei a que corrente de opinião pertencem os malucos."

"Como não acreditar na eternidade da alma? Se não houvesse a continuidade da vida, o homem teria o poder de destruir outro homem tirando-lhe a vida terrena."

"Quando o escritor é bom, nunca joga rascunho no lixo."

"Fama?
Eu nunca vi gaivota trocar uma sardinha pela chance de ser personagem de um livro. Com certeza, Fernão Capelo, com certeza."

"Lei da oferta e da procura: é quando o produtor não consegue vender toda a safra de batatas e vai procurar os porcos."

"O homem escreve livros para que os outros alcancem as estrelas."

"É muito gostoso escrever. Não para atingir erudição ou provar sabedoria.

Mas para navegar.
É destino. Poucos agora me alcançam na arte de escrever. É longo o meu pensar."

"É mais fácil subir numa parede acidentada do que numa parede lisa."

"Você já viu um homem mau?
E se sentiu evidentemente melhor e superior a ele, claro.
É o contraste necessário."

"Os homens fracos procuram sempre desiludir aqueles que se revoltam contra os erros do mundo.
Porque, na realidade, é contra eles que os revoltosos lutam."

"Não se mate! Aguente mais um pouco que o suicídio tem um similar infalível."

"Pérola.
Minha cabeça é como uma árvore que se agita ao vento das boas novas do mundo."

"A vida é uma linha que vamos enleando despreocupadamente no carretel do tempo. Até que, quando menos esperamos, aparece a ponta do fio e acaba a nossa efêmera existência."

"No final de tudo, o homem deixa suas obras e leva somente aquilo que Deus lhe deu desde o primeiro dia, a alma."

"O passo seguinte à loucura é a genialidade."

"Se a felicidade não estiver em você, não estará em lugar algum."

"Se a tua razão de felicidade estiver numa outra pessoa, podes ficar certo de que um dia ela acabará."

"Talvez apenas os santos devessem escrever e somente os bons devessem pensar."

"Certas colocações pessoais aqui neste diário são levianas porque não merecem ser algo mais do que levianas. De pedra se tira pedra."

"Escrever para mim é um capricho da natureza. Sem essas linhas, eu seria indigno de existir. É tudo grátis, fácil, engraçado, chega a emparelhar com a felicidade obrigatória."

"Muito cuidado com o teu julgamento. Pois ai de ti se Deus perdoar a quem condenaste!"

"Quero advertir o arquiteto que projeta as favelas, para que economize menos no material e se preocupe principalmente com o conforto de seus habitantes."

"A vida não pode ser só esta pequena visita aqui na Terra.
Se a felicidade for só isso que existe no mundo, que infelicidade, meu Deus, que infelicidade!"

"Deus. Ouvi verdades tão maravilhosas a seu respeito, dos que pregam e divulgam seu reino, que descobri ser eu mesmo a quem eles procuram, pois notei que Deus está em mim! É exatamente assim que gosto de ser; como Deus quer."

"O vilão desta história salva a integridade da família, defende os fracos e oprimidos, salva o direito de pensar, de nascer e acaba morrendo afogado num fosso comunitário, cheio de merda e urina de cerveja.
A ele cabe a honra de assumir a genialidade deste manifesto.

O vilão morreu. Mas sua história ficou para sempre. Ele nunca existiu, mas sempre viveu. Tanto tens de vilão como também tenho eu!"

"Alguns pensam que sou louco. Outros pensam que sou inatingível, sinceramente não creio que possa ser alguém diferente de um homem qualquer, incluindo os tiranos, loucos, os felizes e os tristes, com a agravante de ser espaventado... quando posso."

"Felicidade é amar alguém irremediavelmente apaixonada... uma beldade que tolamente nos ama e jamais viveria sem nós! (graças a Deus)
Existe maior prazer do que adorar um desmiolado querido como esse?
Judiação!"

"Otimismo.
O dia de amanhã será sempre pior do que hoje.
Por comparação dos dois, o dia de hoje é preferível para viver!"

"Abandonei a montanha, ela não veio atrás de mim... portanto, Maomé retorna à montanha."

"Com a invenção do videocassete, os filmes de má qualidade podem ser evitados. Que se cuide o John Wayne."

"Moda é aquilo que preenche imediatamente a eventual ausência de novidade. Efêmero como um belo floco de neve."

"Papel azul no último degrau do céu. Olhos coloridos contemplam os tombos do sol envaletados na longa estrada.
Gaivotas musculosas engolem ar buraqueando a atmosfera...
Só os chapéus em nossas cabeças destampam sombras em algum ângulo do quadrante.

A imensidão celeste, exagerando estrelas, é finalmente vista."

"Sou como uma bolha de sabão imaculada, flutuando diante do nariz dos homens conquistadores que não podem me tocar sem me destruir."

"Façanhas antes que façam!"

"Existem certos dias na vida que somos um perigo para nossa própria existência."

"Ponto final no dia banal.
Noite de rezas, esperança sem fim.
Chegou a semana correndo de sexta em sexta. Prelúdio da humanidade frontal. Destino escolhido, vencer ou vencer.
Quatro horas da tarde e eu ainda não inaugurei as pirâmides do Egito. Quem me dera colocar as garrafas de Diamante Soré na adega e esquecê-las por toda a eternidade.
Adormecer mais uma vez... é a rotina dos bichos."

"Renovar o mundo é uma árdua tarefa de cada um.
Porque, mesmo que tal não façamos, o mundo se renova sem a nossa participação e quem acaba se atrasando somos nós."

"Na maioria das vezes, o entendimento das coisas não vem quando elas estão acontecendo, e sim depois de muito tempo passado."

"Rolou uma lágrima, duas, três, até que você se convenceu que ninguém se amava, nem Romeu, nem Julieta! Só nós dois..."

"Alguém ninguém"

Sabe-se lá onde se encafifou o homem que escreveu este diário.

A gente finge que escreve o belo, o mais bonito, mas, lá no fundo, poupa-se do melhor da vida, deixando desconfiança de que tudo poderia ser melhor, mais bem feito, mais danado, e vai embora sem se dar por vencido. Eu não desisto enquanto não encontrar você, daí sim!

Vou escrever o poema sublime em sua homenagem... ou não valerá o esforço desta busca.

Dei a entender que espero por alguém? Mas já passa das 10 horas da noite e ela não veio.

Deve ser uma bela mulher.

Vou saber um dia...

O papo tá bom, mas já vou indo.

Feche a porta.

FIM DO DIÁRIO

BIBLIOGRAFIA

Obras e estudos filosóficos de Mário Ferreira dos Santos.
Bíblia:
Velho Testamento
Novo Testamento
Larousse Cultural
Dicionário Aurélio

Comunique-se com o autor:
guarisecarlos@gmail.com
carlos.haven@hotmail.com

Rua Padre João Wislinski, 420
Santa Cândida
Curitiba, PR
CEP 82630-010